I0845443

Giovanni Messina

È difficile oggi essere di sinistra

Seconda edizione
Febbraio 2026

In copertina:
L'unanimità (studio) di Ferdinand Hodler
(Collezione privata)

www.omband.net

«La mia idea di felicità è soprattutto anticonsumistica.
Hanno voluto convincerci che le cose non durano
e ci spingono a cambiare ogni cosa il prima possibile.
Sembra che siamo nati solo per consumare e,
se non possiamo più farlo, soffriamo la povertà.
Ma nella vita è più importante il tempo che possiamo
dedicare a ciò che ci piace, ai nostri affetti e alla nostra libertà.
E non quello in cui siamo costretti a guadagnare
sempre di più per consumare sempre di più.
Non faccio nessuna apologia della povertà, ma soltanto della sobrietà».[1]

Pepe Mujica

---

[1] "Mujica e l'apologia della sobrietà: Chi accumula denaro è un malato. La ricchezza complica la vita". Dall'intervista di Omero Ciai, Repubblica.it, 6 novembre 2016. https://www.repubblica.it/esteri/2016/11/06/news/pepe_mujica_uru guay-151459188/?ref=HREC1-10 (consultato l'ultima volta il 2/12/2023).

Premessa

Questo non è un libro di teoria o di filosofia della politica. Non vuole intromettersi nel dibattito degli addetti ai lavori sui fondamenti filosofici della sinistra né, tanto meno, addentrarsi nel fitto sottobosco delle dispute su quante sinistre esistano o possano esistere, popolato dai fantasmi più strambi, dal gramscismo di destra al fascismo di sinistra. Non mi sembra che sia di grande utilità continuare a spaccare il capello in quattro, come nella storia della sinistra è tradizione.

Non propongo modelli o schemi che offrano sintesi coerenti delle trasformazioni storiche avvenute negli ultimi duemila anni e neanche filosofie totalizzanti che spieghino l'universo mondo, né, meno che mai, visioni teleologiche. Non ho alcuna intenzione di avventurarmi in ipotesi e/o congetture su quando, dove e in che modo ci sarà la prossima rivoluzione e su cosa avverrà dopo. Le previsioni non si spingono oltre a ciò che già si intravede.

Questo è piuttosto un libro sui fatti. Una riflessione sul nostro passato recente e sul presente per capire in che modo e perché le idee di sinistra abbiano perso diritto di cittadinanza nel confronto politico attuale, e su quanto in tale fenomeno vi sia di ineluttabile e immodificabile, come da più parti si insiste nel far credere, e quanto invece sia il risultato di precise strategie volte a tutelare determinati interessi.

L'obiettivo è provare a collegare i vari tasselli per ottenere una visione d'insieme. La sensazione, infatti, è che dietro l'apparente pluralismo dei nostri sistemi democratici, in materia di politiche economiche o di politiche del lavoro, la direzione percorribile sia di fatto una soltanto, quella tracciata dal neoliberismo. Un po' come nel celebre slogan di Ford, "puoi avere l'auto del colore che vuoi, a condizione che sia nera", oggi puoi essere di destra, di centro o di sinistra, a condizione di essere neoliberista.

La trattazione si articola in due parti. Nella prima viene sviluppata la discussione sull'attualità della distinzione destra e sinistra, collocandola all'interno della storia italiana e del contesto internazionale degli ultimi cinquant'anni. Nella seconda, invece, tale distinzione è calata nelle questioni centrali del nostro tempo. Non una separazione netta, tuttavia, in quanto le due prospettive si intrecciano, rimandando di continuo la prima alla seconda, e viceversa.

Parte prima

Come ci siamo arrivati

1. L'albero delle ideologie è sempre verde

È difficile oggi in Italia essere di sinistra. Non solo, è diventato difficile anche individuare cosa significhi *essere di sinistra*. Sembra infatti che in questi ultimi anni i tratti distintivi dei vari soggetti politici si siano andati confondendo e ingarbugliando al punto da risultare indefinibili.

Ci si orienta un po' per stereotipi e un po' per semplificazioni. Se il sovranismo, per esempio, è di destra, vuol dire che l'europeismo sarà di sinistra. Poi, però, troviamo ambienti di sinistra critici verso l'Unione Europea e personaggi di destra che si proclamano convinti europeisti, soprattutto una volta pervenuti al governo. L'esaltazione del progresso, per fare un altro esempio, appartiene storicamente alla cultura di sinistra. Eppure, sono proprio gruppi di sinistra quelli che denunciano l'impatto sempre più insostenibile che esso ha sull'ambiente, mentre tra gli esponenti della destra prevale più spesso un ostentato scetticismo.

Alla fine, sia privato cittadino, sia rappresentante di uno schieramento politico, ognuno si va ritagliando spazi, per così dire, personalizzati: un po' a destra e un po' a sinistra, un piede di qua e un piede di là, oltre la destra e la sinistra, ancora più oltre, ecc. Come se fossero venuti meno quegli elementi identitari idonei a rendere inequivocabile la matrice di un soggetto politico, relegandola nel regno delle cose opinabili. All'inizio del XXI secolo può così succedere che un presidente del Consiglio promuova un provvedimento (tipo il *Jobs act*) e poi si senta in dovere di aggiungere: «guardate che è un provvedimento di sinistra». Muovendo quindi dall'implicita possibilità che ci siano persone non in grado di distinguere un provvedimento di destra da uno di sinistra, o addirittura di scambiare quello che è di sinistra con uno di destra.

Per capire quando la bussola è impazzita dobbiamo tornare indietro di alcuni decenni, più precisamente al passaggio dalla

Prima alla Seconda Repubblica o, se vogliamo allargare lo sguardo, visto che non solo di un fenomeno nazionale si tratta, alla caduta del Muro di Berlino e alla fine della guerra fredda.

È a questi eventi che si associa la cosiddetta morte delle ideologie, espressione con cui si intende la scomparsa di fascismo e comunismo a seguito della fine dei regimi a tali ideologie ispirati.

Pur essendo comunemente condivisa, tuttavia, tale espressione appare abbastanza discutibile per diversi motivi.

In primo luogo, non tiene conto dell'ideologia liberale, che, pur con qualche ammaccatura, sopravvive, né di altre ideologie che vanno nascendo, come l'ecologismo o quelle che animano i movimenti antiglobalizzazione. Sarebbe più corretto, tutt'al più, parlare di morte di alcune ideologie.

Non considera, inoltre, che tante persone e gruppi politici in ogni parte del mondo continuano a professare o a ispirarsi alle ideologie sopracitate, senza contare che alcuni paesi continuano ancora a definirsi comunisti. In ogni caso, appare arbitrario dedurre dalla fine di un regime la scomparsa delle idee che l'hanno ispirato.

Infine, essendo un'ideologia una visione del mondo accompagnata dal progetto di un suo cambiamento, se ne dovrebbe dedurre che nel nuovo millennio nessuno abbia più un'idea globale del mondo né, tanto meno, il desiderio di cambiarlo. Cosa che con tutta evidenza non è.

La "morte delle ideologie", dunque, nonché la cosiddetta "fine della storia", che per qualche tempo a essa si è accompagnata (prima di perdersi per strada), appaiono formule semplicistiche che proprio in virtù dell'essere tali sono diventate *virali*. Utili soltanto, o forse create apposta, per sostenere che nel capitalismo del dopo guerra fredda sia inutile lottare. Non a caso, evocare la presunta scomparsa delle ideologie prelude ogni volta alla domanda se sia possibile distinguere ancora destra e sinistra. Una domanda palesemente retorica, ammettendo solo la risposta negativa.

Numerosi intellettuali, senza volerlo, hanno offerto un utile *assist* a questo nuovo pensiero dominante,[2] sostenendo che tale distinzione sia ormai obsoleta, poiché le trasformazioni portate dalla globalizzazione hanno sparigliato a livello planetario le condizioni socio-economico-culturali a tal punto da rendere i concetti di destra e sinistra paradigmi non più idonei a fotografare la dialettica politica contemporanea.

Nondimeno, il fatto che, a differenza del presupposto precedente, quest'ultima riflessione sia indiscutibilmente vera, che cioè la globalizzazione abbia gettato le basi di un mondo completamente diverso da quello del secolo scorso, non implica che siano venute meno quella pluralità di interessi e quelle conflittualità che caratterizzavano quella società. Semmai, sono aumentate e si sono anche allargati i fronti. Non solo conflittualità economiche, ma anche conflittualità sociali di origine religiosa, etnica, culturale, ecc., non solo all'interno del quadro nazionale, ma che tendono sempre più ad assumere una dimensione transnazionale.

Se il mondo avesse invertito rotta, se ci fossimo lasciati alle spalle ogni forma di ingiustizia sociale, povertà e sfruttamento, e avessimo proceduto a vele spiegate verso un mondo più equo e più giusto, non avrebbe più avuto alcun senso parlare di destra e di sinistra. Ma se con la globalizzazione le conflittualità si sono andate ulteriormente inasprendo, se anche nelle società sviluppate le sacche di povertà dilagano e le condizioni dei lavoratori conoscono livelli di sfruttamento che credevamo ormai relegati ad altre epoche, come si spiega l'ampio successo raccolto dalla vulgata secondo cui destra e sinistra non esistono più? Come si può prendere per buona una tesi che oltre ad andare contro ogni ragionevolezza, va anche contro l'evidenza?

Molti intellettuali di sinistra sembrano fare a gara nel rincorrere spiegazioni sempre più elaborate, ma non necessariamente fenomeno più complesso richiede spiegazione più complessa. Non in questo caso, comunque, essendo qui la complessità solo in superficie. Nella sostanza, continuano a esserci oppressi e oppressori e crescono diseguaglianze e ingiustizie sociali. Fin quando così funzionerà il mondo, le categorie migliori per orientarci, in quanto più efficaci per ridurre le questioni ai minimi termini, per stabilire cioè se stai dalla parte degli oppressi o dalla parte degli oppressori, se vuoi ridurre le diseguaglianze sociali o ignorarle, sono proprio destra e sinistra. Qualcuno non lo vede e qualcun altro finge di non vederlo, ma «l'albero delle ideologie è sempre verde».[3] Al contrario della frettolosa conclusione di Fukuyama, la storia è ben lungi dall'essere *finita*. Non solo continua, ma continua secondo la stessa logica del passato. Oggi più di ieri, allora, destra e sinistra rimangono categorie imprescindibili dell'agire politico. Il problema da porsi è piuttosto un altro: sono ancora rappresentate?

---

[2] «La dicotomia Destra e Sinistra, in tutte le sue varianti e con tutte le sue correzioni possibili di dettaglio, non è in grado di orientarci economicamente, politicamente e culturalmente nei confronti dell'attuale globalizzazione capitalistica».
Costanzo Preve, *Destra e sinistra. La natura inservibile di due categorie tradizionali.*
[3] Norberto Bobbio, *Destra e sinistra.*

2. La sinistra degli sdentati

Prima di rispondere a questa domanda, sarà opportuno provare a formulare nella maniera più chiara possibile una definizione di *essere di sinistra*. Nell'ultimo mezzo secolo ne sono state proposte molte, sempre più sottili, mirate e selettive, e a volte, diciamolo pure, poco comprensibili. Sarebbe tanto arduo quanto inutile tentare di farne una rassegna esaustiva. Ci limiteremo quindi a indicare il suo principale elemento distintivo. Muovendo dal presupposto enunciato da Bobbio nel saggio appena citato, e cioè che la sinistra si connota per la sua tendenza all'egualitarismo, diremo che a caratterizzare la sinistra è la richiesta di una maggiore giustizia sociale.

Beninteso, la sinistra è anche altre cose, come ampliamento dei diritti dei singoli e tutela delle minoranze, tolleranza e rispetto per le diversità, apertura mentale verso le novità e il progresso (non più inteso come mero sviluppo industriale, ma come uno sviluppo sostenibile e rispettoso dell'ambiente, che non finisca per generare altre ingiustizie su scala planetaria), ecc.[4] Solo che mentre una o più di queste caratteristiche citate possono o dovrebbero anche essere proprie di una destra illuminata, l'aspirazione a una maggiore giustizia sociale è dirimente dell'essere di sinistra. E se viene da destra, vuol dire che stiamo parlando di una destra tanto illuminata da poterla considerare sinistra.

Non faremo alcun riferimento al marxismo, con la quale è stata perlopiù identificata per quasi tutto il Novecento. Mettiamo da parte l'utopia e sgombriamo il campo da ogni nostalgia. Non diremo niente di nuovo affermando che il comunismo andrebbe più propriamente collocato nell'alveo delle grandi religioni, più che in quello delle ideologie politiche, almeno se con tale espressione vogliamo intendere non soltanto un'idea di società, ma anche un'idea di società concretamente realizzabile. «A ciascuno secondo i suoi bisogni, da ciascuno secondo le sue possibilità» rimanda al comandamento cristiano «ama il prossimo tuo come te stesso», dal cui medesimo *humus* trae peraltro origine. Senonché, la religione ha gioco facile nel rendere il comandamento più conciliabile con la natura umana proiettandolo nella dimensione ultraterrena, cosa che un'ideologia non può fare. Obbligare per legge gli uomini ad amare il prossimo come sé stessi, come abbiamo visto in più e più occasioni nel corso del secolo passato, ha avuto un costo umano troppo alto, finendo per ottenere i risultati opposti a quelli desiderati. Nei paesi dell'Europa dell'Est, per fare l'esempio più vicino a noi, le generazioni educate e cresciute nel comunismo hanno prodotto delle società nelle quali oggi dominano il consumismo, il nazionalismo e il conservatorismo più bigotto.

Ancor più eloquente è l'esempio della Cina. Il paese è passato in un paio di decenni da un'economia pianificata a un'economia ultraliberista. Oggi una buona parte dei componenti dell'Assemblea del Popolo è composta da milionari.[5] Per conservare il potere, tuttavia, l'oligarchia dominante ha mantenuto le basi ideologiche comuniste. Operazione resa possibile proprio dalla natura religiosa di tali basi che ben si sposano con la cultura confuciana. Così, nonostante la forbice sociale si sia allargata a dismisura, l'obiettivo rimane il futuro avvento del comunismo, ora rinviato a quando si raggiungerà la condizione di cosiddetta post-scarsità (*post-scarcity*), quando cioè si potrà produrre in abbondanza a poco prezzo o addirittura a costo zero e tutti saranno uguali nella ricchezza. Tutti potranno permettersi una Ferrari, insomma, o giù di lì. Una professione di fede, per l'appunto, intanto che l'individualismo sfrenato crea diseguaglianze colossali.

Archiviando dunque la stagione delle utopie, un'idea di sinistra che agli inizi del terzo millennio voglia essere improntata a obiettivi realisticamente raggiungibili si basa su un semplice principio dal quale discendono a cascata tutti gli altri: combattere le diseguaglianze sociali.[6] Il che avviene su due fronti: assicurare condizioni di partenza che siano il più possibile uguali per tutti e correggere le storture che le dinamiche economiche inevitabilmente determinano. Non dobbiamo inventarci nulla. Non serve una rivoluzione o l'avvento di un mondo nuovo. Sia il primo[7] che il secondo[8] punto sono già ben evidenziati nella nostra Costituzione.

Se un governo riduce povertà e ingiustizie sociali, fa politiche di sinistra; se ingiustizie sociali e povertà aumentano, fa politiche di destra. È un criterio semplicissimo, ben al di qua di ogni speculazione filosofica. Oltre che difficilmente contestabile, in quanto si basa su dati misurabili, e non sulle affermazioni dei governanti, che, senza eccezione alcuna, non hanno mai lasciato indietro nessuno.[9] Sarà forse vero, come da più parti sostenuto, che esistano molte destre e molte sinistre, essendo spesso l'appartenenza a una delle due parti mitigata o contaminata da idee riconducibili all'altra parte, e, tuttavia, quello appena enunciato può essere indicato come criterio oggettivo.

Vale oggi come valeva ieri e come probabilmente varrà ancora a lungo. Non c'entra niente dire che il mondo è cambiato, che sono finite le divisioni ideologiche, che domani sarà ancora diverso, ecc. Una società nella quale le sperequazioni e le ingiustizie diminuiscano in luogo di aumentare è un'aspirazione che può essere perseguita al tempo delle divisioni ideologiche, nel mondo post-ideologico e in qualunque altro mondo verrà dopo.

Una forza di sinistra ha il suo tratto distintivo proprio in questa aspirazione. Quanto poi l'abbia saputo tradurre in azione politica, lo si vede nel momento in cui è chiamata a governare. A quel punto si danno due possibilità: la forbice sociale si restringe e il lavoro è più tutelato, e ciò vuol dire che ha operato in coerenza coi propri principi, che ha lasciato cioè meno povertà, meno ingiustizia e meno sfruttamento di quanti ne aveva trovati;[10] la forbice sociale aumenta e il lavoro è meno tutelato, e allora vuol dire che solo sulla carta era di sinistra, mentre in realtà era di destra o comunque ha fatto le stesse cose che avrebbe fatto la destra.

Nell'ultimo ventennio la povertà assoluta nel nostro paese è costantemente aumentata, passando dal 3,4% del 2005 al 9,4% del 2020.[11] Poiché in questo arco di tempo il Partito Democratico è stato al governo per circa undici anni, la conclusione che se ne può trarre è assai semplice: non solo non ha difeso i ceti meno abbienti, ma ha addirittura contribuito a peggiorare le loro condizioni. Né possiamo attribuire tali risultati a incapacità, non possiamo, cioè, dire che ci abbia provato e non ci sia riuscito. Per quanto non annoveri statisti che passeranno alla storia, accorgersi di dove si stava andando non era difficile, tanto più che il passaggio non è avvenuto in un balzo, ma anno dopo anno, con tutti gli indicatori che mostravano chiaramente gli effetti delle politiche attuate. Bastava invertire o almeno a correggere la rotta.

Ci fu un tempo in cui la sinistra si trovò *in mezzo al guado*. E bene avrebbe fatto a rimanerci, si potrebbe dire col senno del poi. Stare in mezzo al guado, infatti, aveva il doppio vantaggio di poggiare comunque su una base solida e di rimanere visibili. Perché quello che allora non sapevamo e non potevamo prevedere era che inoltrandosi nel guado, si sprofondava e delle idee di sinistra si sarebbero perse le tracce.

Nel suo libro Marco Revelli cita un giornalista di Liberation: «Quando [...] Laurent Joffrin tentò un primo bilancio del mitterandismo scoprì che la sinistra non aveva resistito alla prova del potere; che laddove avrebbe dovuto rompere con il capitalismo, aveva invece rotto con il socialismo».[12] «Fu il *New Labour* di Tony Blair, per intenderci», dice Zygmunt Bauman in un'intervista del 2008,[13] «a munire di fondamenta istituzionali le idee e i progetti ancora informi di Margaret Thatcher [...] così come la sua dottrina di individualismo, privatizzazione e deregulation rampante. E fu il Partito Socialista francese a favorire più di chiunque altro lo smantellamento dello stato sociale in Francia».

Qualcuno insiste ancor oggi nel parlare di *terza via*, riferendosi allo stesso Blair e a Clinton, volendo con tale espressione intendere una sorta di via di mezzo tra neoliberismo e socialdemocrazia, ma, a ragion veduta, sembra piuttosto la *prima via* camuffata, e neanche in maniera tanto accurata da non essere facilmente riconoscibile.

In Italia, man mano che il PCI si avvicinava alla gestione del potere, prima a livello locale e poi a livello nazionale, abbiamo capito che la cosiddetta *superiorità morale* andava intesa non come una diversità antropologica, ma piuttosto come diversità in un preciso contesto storico rispetto agli altri partiti, che gestendo il potere in maniera continuativa per decenni avevano inevitabilmente creato una vasta rete di clientele e relazioni opache. L'alternanza non ha riportato l'asticella dell'etica pubblica verso l'alto, ma piuttosto ha portato la sinistra ad adattarsi al sistema esistente. Quello che Luciano Canfora indica come «il rischio che l'espressione "sinistra di governo" significhi ormai soltanto "che occupa dei posti nel governo"»[14] è, in effetti, la pura e semplice realtà.

Ma non solo il contrasto alla povertà non è stato tra le priorità del principale partito della sinistra, ciò che ancor più si percepisce è il suo crescente distacco verso il mondo del lavoro e delle classi sociali più basse.

Nel settembre del 2023 è scomparso l'ex presidente della Repubblica. Un ex dirigente del Pci ha dichiarato: «Napolitano come Berlinguer, simbolo della sinistra italiana». Di primo acchito, verrebbe da dire «d'ha sparata grossa», ma se poi ci si riflette, si capisce che ha detto il vero. Bisogna solo saper leggere la dichiarazione. Simboli della sinistra, sì, ma di due sinistre ormai distanti. Basta confrontare i funerali di Berlinguer con quelli di Napolitano, per avere un'idea dell'abisso che li separa. Tre cortei con un milione e mezzo di persone allora; qualche decina di passanti distratti oggi.

Lo stesso abisso che separa le due sinistre, che sembra andare oltre la mancata rappresentanza delle istanze del mondo operaio e delle fasce più deboli, e che rinvia piuttosto a un'estraneità di fondo verso quel mondo. Come se quelli che dovessero rappresentare i meno abbienti, dei meno abbienti non solo non conoscessero niente, ma lasciassero trasparire pure una sorta di repulsione nei loro confronti.

Nel libro della sua ex compagna è scritto che l'ex presidente francese Hollande (peraltro tra i pochi leader presenti alle esequie di Napolitano) tra le mura domestiche si riferiva ai poveri con il termine *sans-dents* (sdentati).[15] Hollande è stato per molti anni tra i leader del Partito Socialista prima di diventare presidente della Repubblica. L'aneddoto può essere falso e ascrivibile alla non sempre elegante, benché normale dialettica tra ex; ciò di cui non si può dubitare è la sua verosimiglianza. Nessuno resterebbe sorpreso se l'ex presidente usasse proprio questa parola per indicare i poveri. Anzi, sembrerebbe una cosa del tutto normale, perché questa è la sensazione che trasmette, sembra proprio che, come altri esponenti del suo partito e del suo equivalente in Italia, non riesca a celare il disprezzo verso i poveri.

---

[4] Per una dettagliata analisi dei concetti di destra e sinistra si veda il libro "Perché ancora destra e sinistra" di Carlo Galli.

[5] Situazione del resto simile a quella degli USA, dove il Congresso è sempre più simile a un club di milionari.
https://www.opensecrets.org/news/2020/04/majority-of-lawmakers-millionaires/ (consultato l'ultima volta il 30/11/2023).

[6] Perché combattere contro le diseguaglianze sociali significa combattere contro lo sfruttamento, contro le ingiustizie, contro ogni forma di oppressione, contro le discriminazioni, ecc.

[7] Artt. 3 e 34.

[8] Artt. 2, 31, 32, 34, 41 e 42.

[9] Due cose accomunano tutti i PdC della storia repubblicana nel momento del loro insediamento: prestare giuramento nelle mani del presidente della Repubblica e dichiarare solennemente che non lasceranno indietro nessuno. Se ne dovrebbe dunque dedurre che i cinque milioni di poveri che continuano a rimanere indietro siano ritardatari cronici refrattari a ogni sollecitazione.

[10] https://it.wikipedia.org/wiki/Jos%C3%A9_Mujica#Politica_nazionale (consultato l'ultima volta il 30/11/2023).

[11] "La povertà assoluta non è «balzata» ai livelli del 2005: è ancora più alta", del 13 luglio 2021
https://pagellapolitica.it/fact-checking/la-poverta-assoluta-non-e-balzata-ai-livelli-del-2005-e-ancora-piu-alta

[12] Marco Revelli, *Sinistra destra.*

[13] "Quella sinistra che non sa più proteggere", Zygmunt Bauman intervistato da Elisabetta Ambrosi, 27 Maggio 2008

https://www.resetdoc.org/story/the-left-that-is-no-longer-capable-of-providing-protection/it/ (consultato l'ultima volta il 30/11/2023).
[14] Luciano Canfora, *La democrazia dei signori*.
[15] https://www.lefigaro.fr/politique/le-scan/citations/2014/09/04/25002-20140904ARTFIG00062-les-sans-dents-l-expression-de-francois-hollande-qui-choque-le-monde-politique.php (consultato l'ultima volta il 30/11/2023).

3. Quando i lavoratori italiani avevano un'assicurazione sulla vita

Se si guarda all'evoluzione dei diritti dei lavoratori in Italia, la si può visualizzare come una linea ascendente dal 1945 alla fine degli anni '70 (con una prima parte durante la quale la linea sale lentamente e una seconda parte, dalla fine degli anni '60 in poi, in cui ha un'impennata), più o meno stabile nel decennio successivo, in rapida e costante discesa a partire dagli anni '90.

Quando nel 1989 cadeva il muro di Berlino, seguito a breve dalla dissoluzione dell'Unione Sovietica, non saranno stati in molti a indovinare tutte le implicazioni che da tali eventi sarebbero derivate. Nel clima ottimistico venutosi a creare all'epoca, a farla da padrone fu l'entusiasmo per la liberazione di quei popoli dai regimi totalitari. Non solo per noi non vi era nulla da perdere, ma anzi poteva pure esserci qualcosa da guadagnare. Avere nuovi partner commerciali con cui convivere in pace in luogo di paesi ostili non poteva non riflettersi positivamente anche sulla nostra vita.

C'è voluto un po' di tempo per capire che questa era solo la superficie dei fatti. Nella sostanza le cose non stavano esattamente così. Questa visione romantica degli avvenimenti non considerava la realtà nella sua interezza. La scomparsa del blocco sovietico decretava, molto più prosaicamente, la vittoria degli Stati Uniti e del modello neoliberista, affermatosi negli ultimi due decenni del secolo scorso.

Come risaputo, all'interno dello schieramento occidentale, l'Italia era uno dei paesi geopoliticamente più importanti, ma nello stesso tempo uno di quelli ritenuti più instabili, in virtù dell'esistenza di un partito comunista che si attestava intorno al 30%, minacciando il primato del principale partito di governo.

Il rischio di un potenziale passaggio del paese al fronte nemico aveva quindi indotto il capitalismo italiano a scendere a miti consigli. Nell'arco di poco più di un decennio erano state approvate tutta una serie di norme e provvedimenti favorevoli alle classi lavoratrici. L'imperativo era quello di disinnescare il conflitto sociale. Nella sostanza, il socialismo reale aveva rappresentato per i lavoratori italiani una sorta di assicurazione sulla vita.

La crisi e il crollo dell'URSS segnano l'inizio dell'inversione di tendenza. Venendo a mancare il contrappeso della minaccia comunista, il neoliberismo non ha più nulla da temere. Può procedere per la sua strada consapevole della propria forza, dispiegando le sue ricette senza paventare alcun rischio. È il momento in cui si afferma la dottrina thatcheriana del *There Is No Alternative*, ed è questo il momento in cui si diffonde la teoria della morte delle ideologie. Poco importa che, come detto prima, tale teoria fosse del tutto campata in aria, la cosa importante, e che le ha garantito il successo, era che fosse funzionale alla narrazione del *There Is No Alternative*.

L'aspetto interessante è che tale visione ha trovato terreno fertile non solo tra i conservatori, che ovviamente avevano tutto l'interesse a promuoverla, ma anche nell'area di sinistra. In Italia colpisce la reattività con cui si sono mossi i dirigenti dell'allora PCI.

Il passaggio fu quanto mai repentino. Da comunisti a liberali in un giorno, verrebbe da dire. Alla Bolognina si presentarono con la bandiera rossa e andarono a dormire fischiettando l'inno americano. Un'inversione a 180°. Ma ricordandosi forse che un partito liberale, per quanto minuscolo, in Italia esisteva già, si fece ricorso alla definizione americana. Così, i comunisti divennero *liberal*. I successivi cambiamenti di nome sono stati rapidi come un ruzzolar per le scale. Partito democratico della sinistra; Democratici di sinistra; Partito democratico. E già si cerca qualcosa di nuovo da inventarsi, come se il problema fosse nel nome.

È subentrata così nella classe dirigente ormai ex comunista una sorta di ansia da prestazione. Siccome il *leitmotiv* della democrazia bloccata degli anni della guerra fredda era che il PCI non poteva andare al governo in quanto ritenuto "inaffidabile" (dagli americani), la prima se non l'unica preoccupazione dei post-comunisti è stata quella di dimostrarsi "affidabili" (agli americani).

Nell'adempiere a questa prova si sono dimostrati più realisti del re. Emblematico è stato il totale appiattimento alla volontà della NATO: al confronto del primo (e fortunatamente unico) presidente del Consiglio ex comunista, Craxi, tanto per dire, ci fa la figura del gigante.

Più il partito di sinistra si allontanava di gran carriera dalla sinistra, e più si è assistito al *provvidenziale* naufragio del dibattito politico verso argomenti sempre più stucchevoli, verso lo sterile almanaccare su cosa fosse di sinistra e cosa di destra. Il doppiopetto è di sinistra o di destra? La *500* è di sinistra o di destra? L'impermeabile stile tenente Sheridan è di sinistra o di destra? Il secchiello e la paletta per la spiaggia sono di sinistra o di destra? E così via verso il nulla.

Il mutamento di pelle ha interessato anche quegli intellettuali che fino ad allora gravitavano intorno al PCI e poi diventati editorialisti di grandi giornali o giuslavoristi, o imbarcatisi in altre missioni similmente utili. Cresciuti nell'alveo del Partito Comunista, nutriti a pane e centralismo democratico, nell'arco delle ventiquattr'ore si sono scoperti liberali, che a sentirli si sarebbe detto che provenissero dalla Scuola di Chicago, non dalle Frattocchie, e che d'allora in poi non hanno perso occasione per manifestare un malcelato disprezzo non solo verso quelli che il giorno dopo la Bolognina sostenevano le stesse identiche tesi da loro sostenute fino al giorno prima, ma anche verso chi conservava un sia pur minimo residuo socialdemocratico, fino a ergersi come i più inflessibili guardiani del rigore, offrendo un perfetto esempio di incendiari diventati pompieri. Quelli che oggi, quando si parla di pensioni, salari e patrimoniale, se ne escono immancabilmente con lo stesso ritornello: *dobbiamo rassicurare i mercati*. Chissà perché i mercati non vogliono mai essere rassicurati su evasione fiscale, società di comodo, paradisi fiscali, ecc.

Mark Fisher cita a proposito dell'avvento di questo nuovo ordine una frase attribuita a diversi autori: "è più facile immaginare la fine del mondo che la fine del capitalismo."[16]

Un'iperbole forse, ma non priva di fondamento. In effetti, «il capitalismo è molto simile alla *Cosa* del film di John Carpenter: un'entità mostruosa, plastica e infinita capace di metabolizzare e assorbire qualsiasi oggetto con cui entra in contatto».[17] Puoi scrivere un libro o un articolo, puoi fare una pellicola, un documentario o uno spettacolo teatrale contro il capitalismo, e stai contribuendo a farlo funzionare.

Ingiustificata, tuttavia, è l'implicita conclusione che ne è derivata, per cui se è impossibile immaginare la fine del capitalismo, è anche impossibile "correggerlo". In teoria, infatti, potrebbe esserci capitalismo e capitalismo.[18] Invece, rimane sottinteso a questa narrazione una sorta di implicito quanto fallace sillogismo: siccome è un'utopia costruire una società di eguali, è anche un'utopia pensare di poter realizzare una società meno diseguale. Via libera, quindi, a una società sempre più ingiusta.[19]

Gli alfieri del neoliberismo hanno avuto gioco facile nel diffondere questa idea, essendo lo sconfitto il comunismo, la cui applicazione si era rivelata fallimentare. Chiunque si discostava dal nuovo verbo poteva essere messo a tacere additandolo come nostalgico di quel modello. Un po' come faceva Berlusconi durante le sue campagne elettorali paventando i cosacchi a San Pietro.

Da qui la progressiva uniformizzazione dell'offerta politica. È l'inizio dell'epoca delle privatizzazioni, delle deregolamentazioni, nonché del lento, metodico e inarrestabile smantellamento delle conquiste ottenute dai lavoratori nei decenni precedenti, perseguiti indifferentemente dai governi del cosiddetto centro-sinistra e del cosiddetto centro-destra, fino a quando il *maclavoro* (per usare il termine coniato dallo stesso Fisher) ha definitivamente soppiantato il lavoro.

---

[16] Mark Fisher, *Realismo capitalista*
[17] *Ibidem.*
[18] *There are thousands of alternatives* fu uno degli slogan del movimento no-global.

[19] Stiglitz parla del "problema dell'1 per cento" e porta alcuni dati per invalidare la cosiddetta teoria dell'effetto a cascata, strombazzata da tutti i volenterosi portavoce nel neoliberismo, secondo la quale la grande ricchezza di pochi porti ricchezza per tutti. «Nella prima post-recessione del nuovo millennio (dal 2002 al 2007), il primo 1 per cento ha realizzato più del 65 per cento dei guadagni del reddito totale nazionale [...] nel 2007, l'anno prima della crisi, il primo 0,1 per cento delle famiglie americane aveva già un reddito pari a 220 volte la media dell'ultimo 90 per cento. La ricchezza era distribuita in modo ancora più disuguale del reddito, con l'1 per cento più facoltoso che possedeva più di un terzo della ricchezza nazionale [...] Circa trent'anni fa, il primo 1 per cento dei percipienti reddito riceveva soltanto il 12 per cento del reddito nazionale». Nel frattempo, «il reddito di un tipico lavoratore full-time di sesso maschile è rimasto stagnante per ben più di trent'anni [...] I giovani di sesso maschile, con un'età compresa fra i 25 e i 34 anni e scarsamente istruiti, vivono una situazione ancora più difficile: negli ultimi venticinque anni, chi aveva soltanto il diploma di scuola superiore ha visto scendere il proprio reddito reale di più di un quarto». Joseph Stiglitz, *Il prezzo della diseguaglianza*.

4. Omologazione ed egemonia sottoculturale

Sul finire del secolo scorso, Bobbio enumerava una lista di motivazioni che starebbero all'origine della tesi secondo la quale destra e sinistra non esistono più. Di queste motivazioni, la più interessante, nonché la più attuale, è senz'altro l'ultima. La fine della distinzione andrebbe cercata nel fatto che «le differenze tra l'azione dei governi di sinistra e di quelli di destra si vanno sempre assottigliando fino al punto da risultare impercettibili». Se, dunque, governi di destra e governi di sinistra compiono le medesime azioni, viene meno *la grande dicotomia* che si basa sul «principio dell'esclusività, per cui un movimento o un partito non possono essere allo stesso tempo di destra e di sinistra.»[20] Ne deriva che non ha più senso parlare di due entità distinte o addirittura contrapposte.

Il fenomeno, del resto, è ben visibile nel concreto operato di ogni ramo dell'amministrazione. Si sono succeduti governi di diverso orientamento negli ultimi vent'anni, ma ad analizzare le attività dei vari ministeri non si notano differenze significative. La spesa militare è costantemente cresciuta. La politica estera ha continuato a basarsi su un unico caposaldo, «fedeltà alla Nato», così come su un unico caposaldo si basa quella economica, «ce lo chiede l'Europa». Nella pubblica istruzione abbiamo assistito al forsennato succedersi di improvvide riforme, tutte ispirate alle medesime teorie pedagogiche e tutte finalizzate all'adozione del modello americano: da Berlinguer alla *Buona Scuola* si direbbe che a operare sia stata sempre la stessa mano. E così via.

Questa sostanziale omologazione dei governi di destra e di sinistra si riflette nei partiti che li compongono. Fino alla fine della Prima Repubblica l'identità delle varie forze politiche è stata ben definita. Un tempo militare nel Partito Comunista, nella Democrazia Cristiana o nel Movimento Sociale conferiva di per sé una precisa identità politica. Significava, cioè, essere portatori di un sistema di idee e di valori ben identificabile. Uno che diceva «sono comunista» o «sono missino» aveva già riassunto con una parola il proprio punto di vista politico su tutto (o quasi). Si poteva tranquillamente escludere che il missino si pronunciasse a favore dello statuto dei lavoratori o il comunista contro.

A partire dagli anni '90, man mano che un fenomeno nuovo, la personalizzazione della politica, andava soppiantando la tradizionale organizzazione partitica, quella identità si è disciolta in una sorta di mare magnum elettoral-propagandistico, nel quale ciascuno di noi pesca quelle idee, o anche quella sola idea per lui prioritaria, che determinerà il suo voto. L'elettorato, come ora si usa dire, è diventato liquido.

La nascita di Forza Italia costituisce il prototipo di questa nuova forma di aggregazione politica basata sul rapporto diretto leader/elettori. La figura del capo si è consolidata a scapito degli organi intermedi e quindi della struttura democratica dell'organizzazione. Non è più un'emanazione della base, espressa attraverso i vari organi intermedi (sezioni, rappresentanti locali, ecc.) e attraverso vari momenti di discussione (assemblee, congressi, ecc.), ma piuttosto il contrario. È il vertice che plasma l'organizzazione. In questo senso Berlusconi aveva vinto le elezioni del '94 ancor prima che si svolgessero. Le aveva già vinte nel decennio precedente, plasmando tramite le sue televisioni un elettore a sua immagine e somiglianza. Verrebbe da evocare il concetto di egemonia culturale di gramsciana memoria. O sottoculturale, si potrebbe dire, se l'ironia non fosse fuori luogo, visto come è finita.

Non a caso si è parlato di partito-azienda, perché nato per tutelare gli interessi di un'azienda. Anche se forse sarebbe stato più appropriato chiamarlo azienda-partito, essendo il partito subordinato all'azienda e funzionando come un suo ramo, con gli organi intermedi che svolgono una mera funzione di cinghie di trasmissione.

È di conseguenza venuto meno quel bagaglio di idee che serve a unire le persone in un partito. Bastano le idee del capo, poche e semplici, preferibilmente riassumibili in slogan, e, cosa tutt'altro che secondaria, non necessariamente coerenti. Se già la memoria storica non è un tratto caratterizzante dell'elettorato, che quindi non pone grande attenzione alla coerenza, nel momento in cui esso si identifica con un leader, l'aspettativa di coerenza scompare del tutto. Il capo può tranquillamente affermare il contrario di quanto detto il giorno prima, può giustificare come vuole una tesi precedentemente espressa che contraddice quella odierna, o può pure negare di averla pronunciata. Il fatto che ci siano mille filmati a dimostrare il contrario non significa niente. L'opinione dell'elettore non muterà, perché ancor prima di basarsi sulle idee, si basa sull'identificazione e sull'idealizzazione del capo stesso, che non è più, come nelle organizzazioni politiche tradizionali, *un primus inter pares*, bensì una sorta di *unto*, che si staglia al disopra della gente comune.

A differenza di quei sistemi di idee che stavano alla base dei partiti del Novecento, che richiedevano un lento processo di elaborazione e venivano a formare una struttura coerente, alla quale doveva necessariamente far seguito una condotta coerente, oggi la linea di un capo politico ti arriva preconfezionata con un semplice slogan. I candidati non si preoccupino: possono avere avuto figli con quattro partner diversi, proporsi come paladini della famiglia ed essere riconosciuti e votati come tali; possono essere schedati come consumatori abituali di cocaina e presentarsi come interpreti dei valori tradizionali; ecc. Perché nella personalizzazione della politica la figura del leader, sottratta a ogni riflessione critica, tutto avvolge e tutto purifica. La sua investitura cessa di interessare la sfera razionale, per diventare esclusivo appannaggio di quella emotiva.

Le leggi elettorali adottate negli ultimi vent'anni non hanno fatto altro che certificare questo passaggio, consegnando ogni potere ai capi dei vari partiti, ragion per cui anche il Partito Democratico, ultimo erede dei cosiddetti partiti di massa, si è come tutte le altre forze politiche adattato a tale fenomeno. È il leader ormai che sceglie i nostri rappresentanti, spesso sganciati da ogni legame col territorio, ubbidendo a mere logiche di potere interne al partito stesso.

Si capisce dunque come, da un paio di decenni a questa parte, sia venuto meno quel senso di appartenenza a un partito politico. Nessuno dirà «sono di Fratelli d'Italia» o «sono del Partito Democratico», come un tempo diceva «sono comunista» o «sono missino», a meno di essere un funzionario o un rappresentante di quel partito. Tutt'al più dirà «voto per Fratelli d'Italia» o «voto per il Partito Democratico», lasciando così intendere di non sentirsi parte di un'organizzazione, di non sentirsi legato a essa da un vincolo ideologico, ma di esserne esterno. Il militante ha ceduto il posto al più generico attivista. I partiti di massa, come li conoscevamo un tempo, hanno smesso di esistere. Oggi un partito è di massa per il solo fatto di prendere molti voti.

Tutto ciò premesso, dall'omologazione delle forze politiche di destra e di sinistra non discende per forza di cose l'omologazione delle idee di destra e di sinistra. Alla base della vulgata secondo la quale destra e sinistra non esisterebbero più, c'è una sorta di salto logico, dedurre cioè che l'azione politica uniforme dei vari partiti sia il riflesso di una sopravvenuta uniformità di idee. Ovviamente non è così. Che in parlamento sia rappresentata una sola linea politica non significa che fuori dal parlamento non vi siano altre idee.

Non crisi dei valori di sinistra, per rispondere dunque al quesito posto all'inizio, bensì crisi di organizzazione e rappresentanza dei valori e delle istanze di sinistra.

Fin tanto che stanno all'opposizione o, ancor più, durante la campagna elettorale, la contrapposizione tra le varie forze politiche risulta ancora ben visibile, a testimonianza che le idee di destra e di sinistra continuano ad esistere e possono pure tornare utili all'occorrenza, ma arrivate al governo le differenze tra di loro si assottigliano fino a quasi scomparire. L'omologazione dell'azione politica di destra e sinistra si fonde bene con quella caratteristica tutta italiana di interpretare il cosiddetto ruolo istituzionale come una sorta di *habitus* di apolitica neutralità. Il desiderio di non scontentare nessuno prevale su quello di dare attuazione alle istanze dei propri elettori. Le differenze si riducono al minimo, spesso simili a simboliche bandierine o, forse sarebbe meglio dire, a specchietti per le allodole.

C'è un'affermazione di Giolitti che continua a rappresentare una sorta di vademecum non scritto per ogni capo di governo, a prescindere dal partito di appartenenza, e che meglio fotografa quella vocazione al trasformismo tutta italiana. A chi gli rimproverava se non i suoi legami, almeno l'indulgenza verso la malavita e il malaffare, Giolitti rispondeva: io sono come un sarto che cuce il vestito attenendosi alle misure del cliente. Se il cliente ha la gobba, devo fargli un vestito che gli si adatti.[21]

Questo è lo spirito col quale si tende a governare il paese. Chi si attenderebbe che dall'alto arrivi l'*input* per eliminare, o almeno limare, qualche *gobba* – e proprio chi è di sinistra si attenderebbe ciò – può metterci una pietra sopra. I venti di cambiamento soffiano solo durante la campagna elettorale. Poi, una volta al governo, subentra la filosofia sartoriale giolittiana.[22]

Tale omologazione pone, a sua volta, due ordini di domande. In primo luogo, per quale motivo i differenti partiti non siano in grado di esprimere linee politiche effettivamente diverse una volta chiamati a governare. In secondo luogo, assodato che non esistono politiche neutre, che non siano né di destra né di sinistra, né oltre la destra e la sinistra, se questa linea unica di governo, che tende ad accomunare tutti i partiti, sia di destra, di sinistra o di oltre. Due domande per le quali è sufficiente una sola risposta.

---

[20] Norberto Bobbio, *op. cit.*

[21] Denis Mack Smith, *Storia d'Italia dal 1861 al 1997.*

[22] Un caso di cronaca politica recente. Fine novembre 2023. Come *concordato* con la Commissione Europea dai precedenti governi e, in ultimo, dal governo Draghi, il governo in carica delibera il passaggio al mercato libero dell'energia. I partiti oggi all'opposizione si schierano contro la decisione, che avevano però condiviso quando facevano parte dei precedenti esecutivi. La PdC, fortemente contraria quando era

all'opposizione, oggi ne è la più strenua sostenitrice. In sostanza, il governo interpreta sempre la stessa linea, a prescindere dai partiti che lo compongono, i quali, a loro volta, come in un gioco delle parti, cambiano idea nel momento in cui cambia il ruolo svolto.

Per approfondire: "Che cosa c'entra la fine del mercato tutelato con il Pnrr" di Carlo Canepa, 23/11/2023.

https://pagellapolitica.it/articoli/fine-mercato-tutelato-pnrr (consultato l'ultima volta il 2/12/2023)

5. Destra radicale, destra moderata e destra pazza.

Le idee di sinistra non sono morte e non moriranno fin quando esisteranno disparità e ingiustizie. A essere morta (e sepolta) è la rappresentanza delle idee di sinistra. Da qui l'equivoco. Siccome non si sono più viste idee di sinistra rappresentate in parlamento, se ne è tratta la conclusione che non esistessero più. Quelle di destra invece, come adesso vediamo, sono ampiamente rappresentate in tutte le loro varie sfumature.

«Harvey dimostra come, in un'epoca comunemente descritta come post-politica, la lotta di classe non si sia interrotta; piuttosto, è stata combattuta da un lato soltanto: quello dei ricchi».[23]

La sintesi è quanto mai efficace. Possiamo solo aggiungere che essa viene combattuta con grande dispendio di mezzi e senza esclusione di colpi.[24]

«Nel 1970 gli americani più ricchi versavano al fisco, tenendo conto di tutte le tasse, oltre il 50% del proprio reddito, cioè il doppio di quanto versavano i lavoratori. Nel 2018, dopo la riforma fiscale di Trump, per la prima volta negli ultimi cento anni, i miliardari hanno pagato meno tasse di metalmeccanici, insegnanti e pensionati».[25] «La storia dell'America è semplicemente questa: i ricchi stanno diventando più ricchi, i più ricchi tra i ricchi stanno diventando ancora più ricchi, i poveri stanno diventando più poveri e più numerosi, e la classe media si sta svuotando».[26]

La cosiddetta fine delle ideologie si rivela allora per quello che realmente è: un *escamotage* per camuffare la realtà. Destra e sinistra non sono anacronistiche, ma più attuali che mai. Sostenere il contrario è solo il modo più sbrigativo per delegittimare le idee di sinistra. La guerra di classe delle grandi oligarchie può così essere combattuta, come osserva Paul Krugman, in maniera *silenziosa*. Si fa passare la tesi che le uniche idee accettabili debbano svilupparsi entro il perimetro del neoliberismo. Quando udite qualcuno affermare che destra e sinistra non esistono più, dunque, se non è detto che abbiate di fronte qualcuno di destra, di sicuro state sentendo un'affermazione di destra.

Veniamo all'Italia, dove si sta realizzando lo stesso identico fenomeno: è solo una parte quella che trae beneficio da un paio di decenni delle politiche economiche adottate. Siccome in tale periodo si sono alternati al potere tutti i partiti presenti in parlamento, non pare azzardato dedurre che tutti i partiti abbiano seguito politiche di destra.

Innanzi tutto, i partiti della destra radicale, oggi tornata prepotentemente al governo e probabilmente destinata a rimanerci a lungo, salvo imprevedibili regolamenti di conti interni. Diciamo *imprevedibili* dal momento che la destra presenta una differenza che potremmo definire ontologica rispetto alla sinistra: per il potere si compatta, mettendo in secondo piano divergenze e contrasti, laddove la sinistra per il potere si divide, o per meglio dire, si frantuma.

In secondo luogo, una destra più moderata, cioè il Partito Democratico. «Un PD forte è nell'interesse dell'America perché isola gli elementi di estrema sinistra che hanno creato problemi ai governi di centrosinistra» è scritto in un cablo confidenziale dell'ambasciata USA in Italia.[27] Siamo nel 2008, meno di un anno dopo la nascita del nuovo partito. Gli USA vedono con favore il profilarsi in Italia di un bipolarismo molto simile al loro: da una parte, un partito che lascia ai meno abbienti solo le briciole; dall'altra, un partito che ai meno abbienti non lascia nemmeno quelle.

Che abbiano brigato o meno per ottenere questo risultato, non ci interessa e poco cambia la sostanza del ragionamento. Muoviamo dall'ipotesi meno complottista, che cioè gli auspici americani si siano realizzati senza bisogno che da oltreoceano fosse necessario muovere un dito. Abbiamo fatto tutto da soli (d'altronde, il leader dell'epoca è uomo dalle riconosciute capacità, non solo politiche, ma anche cinematografiche, letterarie, giornalistiche, ecc.). Quel che conta è il risultato finale. Ci siamo allontanati dal modello delle democrazie nordiche fondate sul *welfare state* e su una maggiore redistribuzione del reddito, che per una sinistra moderna avrebbe dovuto costituire una sorta di faro, a beneficio di quello americano, che il *welfare* e la redistribuzione del reddito mantiene, sì, ma a parti invertite.[28]

A complicare il quadro è intervenuta poi la nascita di una terza forza. Sulla carta partito antisistema, nei fatti una sorta di Democrazia Cristiana 2.0, disponibile a governare con tutti. Una volta tornata all'opposizione, dopo le elezioni del 2022, ha provato a occupare lo spazio vuoto a sinistra, segnatamente sulla guerra in Ucraina e su varie tematiche sociali. Ma i banchi dell'opposizione, si sa, sono notoriamente affollati di Che Guevara e Winston Churchill; è una volta al governo che i Che Guevara e i Winston Churchill evaporano senza lasciare nemmeno l'ombra.[29] Capace, nell'arco di un decennio, di sostenere tutto e il contrario di tutto, di accusare entrambi gli schieramenti sopra citati dei peggiori misfatti e di governarci insieme in perfetta armonia e in perfetta continuità in politica estera, economia, istruzione, ecc., il M5S si è venuto di fatto a configurare come una terza destra. Una destra pazza, verrebbe da dire.

Quanto ai temi della legalità e dell'onestà, suoi *leitmotiv*, solo l'anomalia italiana, che ha visto la rete del malaffare occupare in pianta stabile i centri nevralgici del paese, lo ha reso presentabile come alternativa. In via di principio, onestà e legalità dovrebbero essere semplici prerequisiti della politica, questi, sì, né di destra né di sinistra.

Discorso a parte, invece, merita l'unico provvedimento, che è anche diventato la sua bandiera, cioè il reddito di cittadinanza. Non vera e propria giustizia sociale,[30] a voler essere precisi, ma collocabile piuttosto in quella più ampia strategia dei bonus, che tra gli ultimi governi va riscuotendo un crescente successo, naturale corollario di politiche di destra.

Tra i primi a proporre un reddito minimo, o reddito di cittadinanza che dir si voglia, non a caso, troviamo esponenti di spicco del neoliberismo, come Milton Friedman e Friedrich Hayek. Il fatto è solo apparentemente sorprendente. In una società nella quale la ricchezza si va sempre più concentrando in pochissime mani, infatti, ci vogliono degli interventi che in qualche modo permettano di sopravvivere a chi non ha nulla. Di recente Elon Musk ha formulato il concetto in maniera più esplicita. L'intelligenza artificiale e l'automazione determineranno una costante diminuzione della manodopera, ha dichiarato, per cui si renderà necessario assicurare un reddito a coloro che rimarranno fuori dal mondo del lavoro.[31]

Queste iniziative si conciliano perfettamente con le posizioni liberiste, configurandosi come equivalenti moderni della filantropia ottocentesca. Hanno infatti la funzione di depotenziare quelle tensioni sociali che il diffondersi della povertà rischierebbe di rendere esplosive, sostenere lo sviluppo economico favorendo la domanda e, perché no?, contribuire alla buona coscienza di quelli che le erogano. Dunque, mance di 50, 70, 100 euro, bonus per elettrodomestici, bonus per weekend in hotel per chi vuole partire e bonus psicologo per chi non si sente di partire, fino ad arrivare ultimamente, al bonus spesa e al bonus benzina. Manca solo l'ultimo, il giusto epilogo: il bonus funerale.

Le azioni di sinistra sono qualcosa di diverso, implicano misure strutturali. Sono quelle che mirano a sostenere il lavoro, migliorandone le condizioni e assicurando retribuzioni atte a garantire una vita dignitosa, a rafforzare il *welfare* e ad adottare una legislazione che favorisca la redistribuzione del reddito.

Ma per quale motivo, a prescindere da chiunque si succeda al governo, le politiche attuate non possono non essere di destra?[32]

La risposta va probabilmente cercata in un insieme di fattori. Innanzi tutto, l'onda lunga del reaganismo e dell'idea che non ci sia altra strada oltre quella del liberismo selvaggio, con annesso ricettario di privatizzazioni, deregolamentazioni a oltranza e abbassamento della pressione fiscale[33]. In secondo luogo, le ferree regole dell'Unione Europea che premono per una politica restrittiva della spesa pubblica. In ultimo, i meccanismi innescati dalla globalizzazione e dal capitalismo finanziario, con lo strapotere delle multinazionali e dei mercati.

Del primo punto si è già accennato, degli altri due si parlerà nei prossimi capitoli. Intanto, possiamo constatare come in tale cornice qualsiasi iniziativa di sinistra equivalga andare controcorrente, e molto spesso la corrente è tanto forte che andare contro è quasi impossibile.

Eppure, l'urgenza di misure che attenuino le diseguaglianze creatasi negli ultimi decenni è sollecitata da diverse fonti. Un appello al segretario dell'ONU è stato fatto dalla Commissione Indipendente per la riforma internazionale delle tasse (ICRICT)[34]. Iniziative analoghe sono venute con la petizione di OXFAM e di altri soggetti pubblici,[35] che hanno chiesto nuovi sistemi di tassazione per le grandi ricchezze, e con la lettera aperta di 14 personalità,[36] tra le quali economisti come il premio Nobel Stiglitz, Zucman e Piketty, che hanno chiesto ai rappresentanti del G20 un registro globale della ricchezza nascosta, riferendosi non solo ai paradisi fiscali sparsi per il mondo, ma anche al dumping fiscale interno all'Europa in paesi come Olanda, Lussemburgo, Irlanda, ecc.

L'accrescersi della forbice sociale è il tratto distintivo di questi primi decenni del terzo millennio. È un fenomeno che non conosce pause. Secondo uno studio di OXFAM, nei due anni di pandemia il patrimonio dei dieci individui più ricchi del mondo è aumentato di 15000 dollari al secondo, mentre 160 milioni di persone cadevano in povertà.[37] Tuttavia, l'idea di un sistema di tassazione un po' più equa è ben lontana dall'attecchire. Neanche di fronte al paradosso che a richiederlo siano gli stessi ricchi. In occasione del *World Economic Forum* del 2022, centodue milionari hanno infatti chiesto ai governi di adottare un sistema di tassazione più alto per i grandi patrimoni;[38] all'appuntamento del 2026, sono stati in quattrocento a chiederlo.[39] Bisognerà attendere che si incatenino ai cancelli del comune di Davos? O che si organizzino in un comitato rivoluzionario? A favore di una tassazione più equa si sono addirittura levate voci anche dall'interno della Banca Mondiale, notoriamente di non stretta osservanza marxista.[40]

In un articolo di *Le Monde*[41] viene riportato tra gli altri l'incredibile esempio della Francia, dove "le 370 famiglie più ricche sono di fatto tassate solo tra il 2 a e il 3%".[42] Un po', per rimanere nello stesso paese, come alla vigilia della rivoluzione del 1789. All'epoca i privilegiati si rifiutarono ostinatamente di contribuire al risanamento delle finanze statali. Erano meno del 2% della popolazione, ma poterono farlo perché erano coloro che decidevano. Oggi, invece, i superprivilegiati sono meno dell'1%, mentre a decidere sono governi espressione dell'intera popolazione. Quali interessi, allora, perseguono questi governi, quelli della collettività o quelli dei super-ricchi?[43]

Per quel che ci concerne, nel dibattito politico italiano ogni proposta che muove un passo in direzione di una maggiore e più concreta equità fiscale solleva un coro di disapprovazione come se fosse il preludio dell'assalto al Palazzo d'Inverno.

Quando, di tanto in tanto, viene timidamente ventilata l'ipotesi di una patrimoniale, con tutti i paletti e la prudenza del caso, dalle reazioni che si leggono il giorno dopo, viene da pensare che sia stato sferrato un attacco indiscriminato alla nazione, come se metà di essa fosse composta da proprietari di castelli e tenute, e come se una buona parte di tali proprietari votasse PD, essendoci sempre al suo interno una folta rappresentanza fermamente contraria.

Ora, se, da una parte, si capisce l'immediato intervento degli editorialisti dei grandi giornali, che per contratto difendono precisi interessi, si capisce meno, dall'altra, l'eterna esitazione del PD, in teoria erede di quello che è stato per quasi mezzo secolo il partito di sinistra più forte d'Europa. Il problema allora non è solo non provarci nemmeno, ad andare controcorrente, quanto piuttosto sostenere che la corrente vada nella giusta direzione.

---

[23] Mark Fisher, *op. cit.*

[24] «Il capitalismo moderno è diventato un gioco complesso, dove per vincere non basta un po' di cervello. Chi vince spesso possiede anche caratteristiche meno degne di ammirazione: l'abilità di aggirare la legge o di plasmarla a proprio beneficio, il desiderio di sfruttare gli altri, anche i

poveri, e la disponibilità a giocare scorrettamente quando necessario».
Joseph Stiglitz, *Il prezzo della disuguaglianza*

[25] Emmanuel Saez e Gabriel Zucman, *Il trionfo dell'ingiustizia*.

[26] Joseph Stiglitz, *op.cit.*

[27] https://wikileaks.org/plusd/cables/08ROME1192_a.html
(consultato l'ultima volta il 2/12/2023)

[28] Il paradosso del neoliberismo è questo: non è contrario all'intervento statale in via di principio, come qualcuno potrebbe superficialmente pensare, è contrario all'intervento statale a favore dei più poveri. Il *welfare* infatti, scrive Stiglitz, c'è sempre, solo che è destinato ai più ricchi, lo Stato, «invece di aiutare chi ne avrebbe bisogno, spende troppo spesso il suo prezioso denaro per aiutare le grandi compagnie attraverso il cosiddetto *corporate welfare*. [...] abbiamo un sistema politico che concede un potere esorbitante a chi sta in cima alla scala sociale, il quale l'ha usato non soltanto per contenere la portata della redistribuzione, ma anche per plasmare le regole del gioco a proprio favore spillando alla comunità quelli che si possono chiamare soltanto enormi "regali"» (*Il prezzo della diseguaglianza*).
Stesse identiche conclusione alle quali arriva Robert Reich: «Chi è in alto ha visto crescere anche l'influenza sulle regole fondamentali del gioco, il che a sua volta ne ha incrementato ancora di più il potere economico. [...] La principale ridistribuzione è avvenuta nella direzione opposta: dai consumatori, i lavoratori, le piccole imprese e i piccoli investitori verso i top manager delle società di capitali e della finanza, i trader di Wall Street, i gestori di portafogli e i maggiori detentori di capitale fisso. Ma questa operazione verso l'alto è invisibile. I principali canali si nascondono all'interno di regole del mercato – proprietà, monopolizzazione, contratto, fallimento, *enforcement* – che sono state plasmate da chi ha grandi ricchezze e un enorme peso politico» (*Salvare il capitalismo*).
Le centinaia di milioni date alle banche per salvarle dal *default*, per esempio, sono soldi sottratti ai più deboli per darli ai più forti. Si dice che col salvataggio delle banche si protegge il sistema e quindi tutta la comunità, ma non si dice che con una legislazione adeguata i *default* non produrrebbero contagio, essendo questo figlio della *deregulation* (come peraltro previsto da personalità di vario orientamento, come lo stesso Stiglitz, Warren Buffet, Bernie Sanders e Paul Krugman).

[29] Il M5S è stato al governo dal 2018 alla fine del 2022, mentre il PD per otto anni negli ultimi dieci. Eppure, per accorgersi della necessità di un

salario minimo fissato per legge hanno dovuto attendere di trovarsi all'opposizione.

[30] Ovviamente, ciò non toglie che, in mancanza di adeguate politiche sociali, abbia costituito e avrebbe continuato a costituire uno strumento utile per arginare il crescente disagio di una fetta significativa di popolazione. Non si può certo prendere sul serio l'alternativa proposta dal nuovo governo, essendo le offerte di lavoro del tutto incongrue rispetto alla domanda, né tanto meno la giustificazione delle numerose truffe addotta per la sua abolizione. Se si dovesse applicare questo criterio per ogni ambito in cui si verificano truffe, si potrebbe chiudere tutto.

[31] https://www.bin-italia.org/elon-musk-con-i-robot-ci-vuole-un-reddito-di-base-universale/ (consultato l'ultima volta il 30/11/2023).

[32] Bisognerebbe ovviamente aggiungere l'anomalia italiana dei cosiddetti governi tecnici. Premessa la contraddizione in termini dell'espressione, poiché, accontentando inevitabilmente alcuni e scontentando altrettanto inevitabilmente altri, ogni decisione di ogni governo è politica, i governi tecnici italiani sono stati in realtà i più politici di tutti. Dietro l'opaco scudo dell'interesse nazionale, sono stati quelli che più di tutti hanno messo in atto le strategie decise altrove. I vari Monti e Draghi sono stati presentati come degli asettici Winston Wolf, chiamati a mettere ordine nei conti pubblici senza spostare di un centimetro gli equilibri politici, un po' come si chiama un idraulico, che dopo aver aggiustato il lavandino se ne va senza intromettersi nei vostri affari domestici. Solo che il mestiere di PdC è un po' diverso da quello dell'idraulico. Tanto per dire, puoi far quadrare i conti azzerando l'evasione fiscale e tassando i grandi patrimoni oppure puoi far quadrare i conti tagliando sulla sanità o sulle pensioni.

[33] Per un quadro dettagliato delle deregolamentazioni iniziate da Reagan e proseguite con le amministrazioni successive e degli effetti da esse avute sulle crescenti diseguaglianze sociali, si veda il libro di Joseph Stiglitz, *La grande frattura, la diseguaglianza e i modi per sconfiggerla*.

[34] https://www.icrict.com/press-release/2023/3/20/icrict-letter-to-united-nations-secretary-general-antnio-guterres (consultato l'ultima volta il 30/11/2023).

[35] https://www.tax-the-rich.eu/ (consultato l'ultima volta il 30/11/2023).

[36] https://www.theguardian.com/world/2022/apr/19/g20-ministers-urged-to-use-oligarch-crackdown-to-tackle-tax-havens (consultato l'ultima volta il 30/11/2023).

[37] https://www.oxfamitalia.org/la-pandemia-della-disuguaglianza/ (consultato l'ultima volta il 30/11/2023).
[38] https://www.ilsole24ore.com/art/fateci-pagare-piu-tasse-lettera-102-super-ricchi-world-economic-forum-AE5CU68?refresh_ce=1 (consultato l'ultima volta il 30/11/2023).
[39] https://www.oxfamitalia.org/milionari-davos-aumentateci-le-tasse/ (consultato l'ultima volta il 22/01/2026).
[40] https://blogs.worldbank.org/governance/wealth-tax-address-five-global-disruptions (consultato l'ultima volta il 30/11/2023).
[41] « Taxation mondiale sur les ultrariches : Ce que nous avons réussi pour les multinationales, nous devons le faire pour les grandes fortunes » del 14/3/2023. https://www.lemonde.fr/idees/article/2023/03/14/taxation-mondiale-sur-les-ultrariches-ce-que-nous-avons-reussi-pour-les-multinationales-nous-devons-le-faire-pour-les-grandes-fortunes_6165354_3232.html (consultato l'ultima volta il 30/11/2023).
[42] Ancora più clamorosi i dati americani: "I quattrocento americani più ricchi hanno più ricchezza del 50 per cento più povero messo assieme", R. Reich, *op.cit.*
[43] A proposito della teoria dell'effetto a cascata della ricchezza, sostenuta in questi casi, si veda la nota 19.

6. L'antieuropeismo di Ventotene

Non è un'iperbole affermare che nel decidere le linee di politica economica, chi oggi abbia meno voce in capitolo sia proprio il soggetto a ciò deputato, ossia il governo nazionale. A dettare i parametri sono infatti le ferree regole dell'Unione Europea, nelle quali l'economia italiana si è ritrovata ingabbiata. Molti economisti sostengono in proposito che siamo stati fortunati e che se l'Italia non fosse entrata nella moneta unica sarebbe finita in bancarotta; altri, non ultimo il governatore della Banca d'Italia dell'epoca, negano questa tesi o comunque avanzano dei dubbi, se non sull'adesione all'euro, almeno sulle tempistiche.

Difficile dirimere tale questione, mancando se non altro la controprova. Forse, parlando di quegli anni, non hanno giovato alla salute della nostra economia le privatizzazioni generalizzate,[44] nonostante molti di quegli attori siano poi assurti al rango di salvatori della patria,[45] e certamente non hanno portato beneficio le spericolate operazioni sui derivati del Tesoro, che hanno gravato le finanze statali per decine di miliardi di euro, e i cui termini rimangono a tutt'oggi ignoti al grande pubblico, poiché il Tesoro si è ben guardato dal rivelarli, a dispetto della « sezione chiamata "Trasparenza", ben visibile in alto nel menu principale»[46] del sito web. Ma questo è un altro discorso.

Tornando alla moneta unica, prendiamo per buona la tesi, nella quale l'intera sinistra istituzionale tuttora si riconosce, secondo la quale se non fossimo entrati nell'euro ci saremmo ritrovati tutti in mutande. In effetti, possono pure darsi delle congiunture economiche che impoveriscono l'intera popolazione.

Tuttavia, qualche dubbio è lecito. Un interessante rapporto di OXFAM del 2019,[47] dall'eloquente titolo di "DISUGUITALIA", ci dice che nell'ultimo ventennio la quota di ricchezza detenuta dal 10% più ricco è aumentata del 7,6%, mentre quella detenuta dalla metà della popolazione più povera è scesa del 36,6%. In sostanza, in questi anni di moneta comune i benefici sono stati appannaggio solo di una piccola parte della popolazione; la maggioranza ci ha rimesso. La congiuntura non è stata negativa per tutti. Che il problema non sia la crisi, bensì il sistema, diventa allora più che un dubbio.

Secondo i dati OCSE del 2022, tra il 1990 e il 2020 l'Italia è l'unico paese europeo ad avere assistito a una contrazione dei salari, mentre nello stesso periodo in Germania e in Francia l'aumento è stato rispettivamente del 33 e del 31 per cento. In Svezia addirittura del 63 e in Irlanda dell'85.[48]

Negli ultimi venti anni, invece, i prezzi sono aumentati di circa il 33 per cento. Ne è derivato un progressivo impoverimento di operai e lavoratori dipendenti. Si parla di scomparsa del ceto medio e di *working poor*.[49] Secondo il rapporto OCSE del 2019, il 73 per cento delle famiglie fatica ad arrivare a fine mese, contro una media europea del 43.

L'ultimo aggiornamento di quelle che sono le tendenze in atto viene dal *report* dell'ISTAT: diminuisce il potere di acquisto delle famiglie; crescono profitti e investimenti delle imprese.[50]

Non c'è quindi da stupirsi se l'entusiasmo che accompagnò l'adozione della moneta unica, a distanza di un ventennio sia, per usare un eufemismo, un po' scemato tra gli strati meno abbienti. La stragrande maggioranza di questi ultimi potrà pure ignorare le statistiche, ma si sarà fatta un'idea abbastanza chiara su come siano andate le sue entrate negli ultimi anni, su cosa può permettersi oggi e cosa poteva permettersi allora.

Molti ricorderanno l'ottimismo debordante di diversi esponenti del governo di centro-sinistra nel 1999 circa i vantaggi che l'adozione all'euro ci avrebbe portato. Logico attendersi, trattandosi, per l'appunto, dei rappresentanti dei ceti meno abbienti, che questi ultimi ne sarebbero stati i maggiori beneficiari. Ma così non è stato. Non tutti siamo diventati più ricchi. Più ricchi lo sono diventati quelli che già lo erano; a pagare invece il prezzo di questa adesione sono stati i lavoratori dipendenti e le fasce meno abbienti in generale. Non risulta che quelle grandi aziende, che poi hanno fatto a gara nello spostare le loro sedi e il loro domicilio fiscale in Lussemburgo, in Olanda o in Gran Bretagna, siano state particolarmente penalizzate.

Nell'agosto del 2023 il governo ha varato la cosiddetta tassa sugli extraprofitti delle banche. Nel primo semestre dell'anno le banche italiane hanno registrato profitti per oltre tredici miliardi di euro, 40 per cento in più dell'anno precedente, che aveva già fatto registrare un più 18,8 per cento[51] rispetto all'anno prima. Utili derivanti non da geniali trovate imprenditoriali, ma da un mero fattore tecnico: l'aumento dei tassi deciso dalla BCE. Quanto mai tempestivo è stato l'intervento della stessa BCE, che ha censurato il provvedimento del governo come rischioso e inopportuno. Facile indovinare come sia andata a finire.[52] Eppure, altri paesi europei, a cominciare dalla Spagna, hanno introdotto una tassa analoga. La Svezia[53], invece, ha adottato una tassa per le banche più esposte finalizzata a costituire un fondo da utilizzare in caso di crisi del sistema bancario, che in via di principio dovrebbe essere una norma adottabile ovunque, ma che viene generalmente reputata un'eresia. Perché il sistema bancario funziona così: gli utili sono sacrosanti; i default, al contrario, si coprono coi soldi pubblici.[54]

Analoga sollecitudine non si è mai vista per questioni attinenti al lavoro. Per quanto riguarda il salario minimo, lo ricordiamo per inciso, dall'Unione Europea non è arrivato alcun regolamento, solo una direttiva. Ognuno poi fa quando e come vuole. Né a Bruxelles sembrano particolarmente preoccupati per le crescenti diseguaglianze sociali in ambito europeo. Il buon Prodi, presidente della Commissione Europea per cinque anni e per quattro e mezzo presidente del Consiglio, si accorge solo nel 2023 che la mancanza di un salario minimo è "una vergogna".[55]

Ma non solo le questioni concernenti il lavoro e lo stato sociale in generale a rivelare le fragilità dell'Unione Europea, anche per quanto riguarda le relazioni tra gli Stati siamo ben lontani da quelle che erano le premesse.

All'art. 3 del Trattato di Lisbona è scritto che l'Unione Europea «promuove la coesione economica, sociale e territoriale, e la solidarietà tra gli Stati membri». [56]

Ma quanto è reale questa solidarietà? È solidale il dumping fiscale, che sottrae ogni anno decine di miliardi di entrate ad alcuni paesi a beneficio di altri?[57] È solidale l'approccio dei paesi dell'Est sul tema dell'immigrazione?

«Prendete il caso dell'Italia. Fra gli otto Paesi più ricchi del mondo è quello che ha la quota più alta di patrimoni privati in proporzione al reddito del Paese, intorno al 700%. Ma è anche quello che ha la quota più bassa di patrimonio pubblico, al punto che non potrebbe ripagare il suo debito se vendesse i suoi ospedali o le sue scuole. [...] anche Germania e Francia avevano debiti fuori proporzione nel 1945, ma nel 1955 se ne erano liberati con il perdono dei creditori e con l'inflazione. Solo così sono potute tornare a investire nel futuro. Ora questi stessi Paesi esigono che l'Italia paghi tutti i suoi debiti per un tempo indefinito».[58]

Tutti ricorderemo l'inflessibilità dell'Unione Europea nei confronti del popolo greco, con i costi sociali che ne sono derivati.[59] Immaginiamo (perché la memoria storica non sempre ci soccorre) – giusto per avere un'idea di quanto essa sia stata dura, sproporzionata e contraria a ogni più elementare forma di solidarietà – che fosse avvenuta in concomitanza con l'invasione russa dell'Ucraina. Ebbene, avremmo visto, di mattina, la Commissione Europea spingere la Grecia a dare in concessione i suoi aeroporti per racimolare un miliardo di euro e, di pomeriggio, stanziarne 90 di aiuti per l'Ucraina, "garantiti" dagli asset russi (di fatto inutilizzabili) o dalle future riparazioni di guerra pagate dalla Russia (che già il solo mettere per iscritto una tale ipotesi rende l'idea dello spessore dei leader europei), oppure, terza e più sicura opzione, pagati dai cittadini europei (visto che l'Ucraina è in ogni caso esentata dal rimborsarli), greci inclusi.

Gli esempi potrebbero essere tanti, ma quanto detto è sufficiente per mettere a fuoco la realtà odierna: le questioni riguardanti il lavoro e le diseguaglianze sociali, nonché la solidarietà tra gli Stati, hanno un ruolo assolutamente marginale all'interno dell'UE, che appare fondata solo sul precario equilibrio di una somma di egoismi. Né, d'altronde, ci sarebbe questa ostilità diffusa nei suoi confronti tra le classi sociali più basse se così non fosse. Si parla spesso di crisi di fiducia nelle istituzioni europee. All'occasione ci si potrebbe pure chiedere se per caso essa non sia determinata dagli scarsi benefici ricevuti. «L'europeismo oltranzistico», scrive Canfora, è «divenuto la bandiera dei ceti benestanti: in un momento in cui, dopo decenni di esperienza, la percezione che una siffatta costruzione sovranazionale leda i ceti economicamente e socialmente più deboli ha un suo immediato riscontro nella realtà e nelle difficoltà quotidiane».[60]

Ora, il primo dovere di un partito di sinistra sarebbe quello di prendere atto di questa realtà e del «modo errato in cui si è venuta formando la costruzione europea palesemente incardinata sul predominio del capitale finanziario e sull'esautoramento degli organi elettivi (Parlamento europeo incluso) ».[61]

Quando, invece, sentiamo i difensori dell'Unione Europea (e tra questi difensori, il PD è ovviamente il più convinto) richiamarsi ai suoi ideali fondanti, primo fra tutti al *Manifesto di Ventotene*, viene da chiedersi quanti tra loro tale *Manifesto* abbiano letto, o perlomeno quanti l'abbiano letto in tempi recenti, o comunque quanti l'abbiano letto e capito. Perché se c'è una cosa con la quale l'europeismo di Spinelli è agli antipodi, se c'è una cosa che è l'esatto contrario di quanto preconizzava, questa è l'Unione Europea attuale.

Il *Manifesto* metteva a fondamento dell'unità europea la lotta «contro la diseguaglianza e i privilegi sociali». «Non si possono lasciare ai privati», scriveva Spinelli tra l'altro, «le imprese che per la grandezza dei capitali investiti e il numero degli operai occupati per l'importanza del settore che dominano, possono ricattare gli organi dello Stato imponendo la politica per loro più vantaggiosa (es. industrie minerarie, grandi istituti bancari, industrie degli armamenti)».[62]

Sono due europeismi che vanno dunque tenuti ben distinti, e non mischiati a convenienza. Né si può dire che essere europeisti significa impegnarsi per migliorare quelle storture oggi esistenti nell'Unione Europea, perché le storture sono ormai diventate strutturali. Ecco perché essere di sinistra significa essere europeisti secondo il *Manifesto di Ventotene*, ma essere europeisti secondo il *Manifesto di Ventotene* equivale a essere antieuropeisti se l'europeismo è quello di von der Layen.

---

[44] http://www.proteo.rdbcub.it/stampa.php3?id_article=136 (consultato l'ultima volta il 5/10/2023)

[45] In questo articolo sintesi e nomi: https://www.articolo21.org/2018/08/jaccuse-con-genova-e-crollato-lo-stato-privatizzatore/ (consultato l'ultima volta il 30/11/2023).

[46] Luca Piana, *La voragine.*

[47] https://www.oxfamitalia.org/wp-content/uploads/2020/01/Disuguitalia_2020_final.pdf (consultato l'ultima volta il 3/10/2023).

[48] https://www.orizzontipolitici.it/una-crisi-lunga-30-anni-i-salari-in-italia/ (consultato l'ultima volta il 3/10/2023).

[49] «Negli Stati Uniti un americano su sette rientra nella categoria dei poveri che hanno un lavoro e a volte anche due, mentre aumentano i ricchi che non lavorano. Quasi l'80% degli americani ora vive di stipendio in stipendio... Il 40% ha affermato che non sarebbe in grado di pagare le bollette se dovesse affrontare un'emergenza di 400 dollari». (R. Reich, *op. cit.*)

[50] https://www.istat.it/it/files//2023/10/Conti-economici-istituzionali-2022.pdf (consultato l'ultima volta il 3/10/2023).

[51] https://www.ilpost.it/2023/08/09/profitti-banche-tassa-extraprofitti/ (consultato l'ultima volta il 3/10/2023).

[52] https://www.ilpost.it/2023/10/05/dl-asset-extraprofitti-banche/#:~:text=La%20tassa%20%C3%A8%20sempre%20pari,impor to%20massimo%20della%20tassa%20scender%C3%A0. (consultato l'ultima volta il 3/10/2023).

[53] https://finanza.lastampa.it/News/2023/08/10/tassa-su-extraprofitti-bancari-lo-scenario-europeo/MzFfMjAyMy0wOC0xMF9UEI (consultato l'ultima volta il 3/10/2023).

[54] https://lespresso.it/c/attualita/2017/1/4/banche-in-paradiso-contribuenti-allinferno-salvate-dallo-stato-eludono-il-fisco/9690 (consultato l'ultima volta il 3/10/2023).

[55] Nel Regno Unito esiste dal 1909 e in Francia dal 1950.
https://en.wikipedia.org/wiki/Minimum_wage (consultato l'ultima
volta il 3/10/2023).

[56] https://eur-lex.europa.eu/legal-
content/IT/TXT/HTML/?uri=CELEX:12016ME/TXT&from=IT
(consultato l'ultima volta il 3/10/2023).

[57] Chi costituirebbe una società con qualcuno che ti ruba soldi? Eppure,
«quando il Lussemburgo offre accordi fiscali su misura alle società
multinazionali […] quando la Svizzera tiene nascosta la ricchezza delle
élite corrotte nelle sue casse, tutti rubano le entrate delle nazioni straniere.
E vincono […] mentre il resto di noi perde.» Gabriel Zucman, *La
ricchezza nascosta delle nazioni. Indagine sui paradisi fiscali.*

[58] Thomas Piketty, citato in: "Economisti contro il mondo diseguale" di
Federico Fubini, *Repubblica* del 4/09/2015.
https://ricerca.repubblica.it/repubblica/archivio/repubblica/2015/04/
09/economisti-contro-il-mondo-diseguale35.html (consultato l'ultima
volta il 3/10/2023).

[59] https://www.agi.it/economia/soldi_salvataggio_grecia_banche-
4064035/news/2018-06-23/ (consultato l'ultima volta il 3/10/2023).

[60] Luciano Canfora, *Sovranità limitata.*

[61] *Ibidem.*

[62] https://www.istitutospinelli.it/il-manifesto-di-ventotene-in-tutte-le-
lingue-dellue/ (consultato l'ultima volta il 3/10/2023).

7. Le grandi profezie del passato: "la Cina è un'opportunità".

Il discorso del capitolo precedente ci porta ad ampliare il ragionamento a livello mondiale. Del resto, se i voti della destra si basano per una metà abbondante sull'immigrazione, che peraltro della globalizzazione è in parte conseguenza, per l'altra metà, o quasi, sono da ascrivere proprio agli effetti di quest'ultima. Emblematico il caso del Nord-Pas-de-Calais, un tempo roccaforte del Partito Comunista francese, diventato negli ultimi due decenni il feudo di Marine Le Pen. Non c'è niente di cui sorprendersi. Non significa che gli operai abbiano avuto una crisi identitaria trasformandosi da comunisti a fascisti da un giorno all'altro, ma solo che, come accaduto in molte aree industrializzate delle nostre città, sono stati quelli sui quali più si è abbattuto il ciclone delle delocalizzazioni.

La globalizzazione era stata presentata come promessa di libertà e benessere per tutti, simbolo dell'inarrestabile avanzata della modernità, di un mondo nuovo che si lasciava alle spalle gli egoismi e gli odi tra le nazioni, aprendosi verso un orizzonte di fratellanza e cooperazione, ecc. Per farla breve, ha beneficiato di un ottimo marketing. Opporsi a essa, per converso, significava essere contro il progresso e contro tutte quelle belle cose che il futuro ci stava apparecchiando. Non solo conservatori, ma anche un po' ottusi. In questa visione progressiva dei destini umani i *no global* ci facevano la figura dei poveri illusi che si ostinano a contrapporsi al cambiamento, espressione di quelle frange minoritarie refrattarie all'innovazione che si sono manifestate in ogni epoca, una sorta di movimento millenarista dei nostri tempi, dei neodolciniani catapultati nel presente, personaggi per i quali non c'è posto nella storia, degni più di compassione che di essere presi sul serio.

Sui quotidiani nazionali si sono sentiti per anni le grandi firme dell'economia intonare l'ode corale al libero mercato, il luogo sacro dove tutti possono competere e dove il migliore non può fare a meno di vincere. Senza mai chiedersi, però, come mai il migliore fosse sempre cinese e se in questo grande campionato mondiale dell'impresa tutte le squadre giocassero alla pari e rispettando le medesime regole, o se ce ne fosse qualcuna che giocava con ventidue giocatori anziché con undici, o i cui giocatori potevano toccare la palla anche con le mani, o che potevano prendere a calci negli stinchi gli avversari, senza che l'arbitro intervenisse, anzi rimanendosene tranquillo a sonnecchiare su un'amaca a bordo campo.

Nemmeno di fronte all'evidenza (perché non è successo tutto dall'oggi al domani) hanno avuto l'intelligenza di capire che i fatti andavano in direzione contraria e/o l'onestà di fare dietrofront, ammettendo che una competizione senza regole su scala planetaria premiava il peggiore, non il migliore. Anzi, hanno insistito nel «dogma bambinesco che la totale liberalizzazione degli scambi commerciali avrebbe portato al mondo – a tutto il mondo, senza distinzioni – molti più vantaggi che svantaggi».[63]

E i leader della sinistra non vedevano quello che stava accadendo? O era proprio quello il mondo verso cui volevano andare? Oppure lo vedevano bene, ma non avendo i mezzi e la forza per contrastarlo, preferivano assecondarlo?

La prima opzione si può tranquillamente escludere. Se lo vedevano migliaia di giovani in tutti il mondo, potevano vederlo benissimo anche loro. Quando alla seconda, appare inconcepibile che la sinistra avesse come obiettivo il mondo odierno. A meno che non avesse cambiato pelle, cosa che in effetti era accaduta. La terza opzione può venire in soccorso alla seconda: se tutti vanno in una direzione, è più rassicurante e meno impegnativo seguire la corrente. Così, nel 2006, in trasferta a Shanghai, Prodi si univa al coro profetizzando: «la Cina è un'opportunità».[64]

Oggi, che i risultati di quelle politiche sono visibili a tutti, sappiamo chi erano i beneficiari di quell'opportunità.[65] «Mentre la liberalizzazione del commercio e l'emergere di catene globali del valore hanno estremamente rafforzato il potere di mercato di alcune imprese, i sindacati sono stati indeboliti in tutto il mondo, le prestazioni sociali sono state tagliate e in molti luoghi è iniziata una corsa al ribasso dei salari. E invece della libertà, della democrazia e dei diritti umani promessi dalla narrazione, in realtà oggi sempre più persone sono confrontate con la repressione e l'oppressione».[66]

Oggi, lo stesso Prodi, smesse le vesti dell'oracolo e indossate quelle del buontempone, dice che «non siamo stati in grado di rappresentare gli sconfitti della globalizzazione».[67]

Quindi, per prima cosa, prendiamo atto che degli sconfitti ci sono stati, e questo, come abbiamo visto, non era difficile prevederlo né servivano vent'anni per accorgersene. Per costoro, la Cina e la globalizzazione in generale non erano tutta questa grande opportunità.

In secondo luogo, dovremmo trarre la conseguenza che era intenzione sua e della sinistra rappresentare gli sconfitti? Beh, che dire... ci porremmo forse questa domanda se le parole non fossero quelle di un buontempone.

I veri beneficiari della profezia prodiana sono state quelle multinazionali che hanno assunto dimensioni tali da contribuire a quel fenomeno di indebolimento delle sovranità nazionali. L'economista indiano Prem Shankar Jha[68] sostiene che fin dalla sua nascita il capitalismo tende in ogni fase della sua crescita a distruggere il "contenitore" entro cui si sviluppa, cioè le strutture politico-istituzionali. Nella prossima fase, scrive, questo contenitore sarà lo stato-nazione, destinato perciò a scomparire nel caos prima di dar vita a qualcos'altro.

Senonché, questo processo non è di là da venire, ma si è già compiuto senza che ce ne accorgessimo, perché non è avvenuto in una maniera prevedibile e visibile, non come ci si poteva immaginare, bensì in una maniera nuova, inaspettata e sotterranea, senza incidere sulla forma degli stati-nazione, ma svuotandoli di potere reale, nella gestione del quale sono subentrati i mercati e i grandi centri del potere finanziario. Le agenzie di *rating* (quelle, per intenderci, che ritenevano molto affidabili Enron e Lehman Brothers fino a qualche ora prima del *default*) possono far saltare un governo con un tratto di penna alla faccia della sovranità popolare; i mercati decidono quando, come e, soprattutto, se deve essere fatta una riforma delle pensioni. E quanto ai mercati stiano a cuore le sorti dei pensionati è risaputo.

Sempre più spesso i ruoli apicali del potere economico nazionale sono intercambiabili con quelli delle grandi istituzioni finanziarie, le cosiddette porte girevoli.[69] Esemplare il caso della banca d'affari Goldman Sachs,[70] per la quale a fasi alterne, entrando e uscendo, hanno lavorato presidenti del Consiglio, ministri, direttori del tesoro, governatori della Banca d'Italia e presidenti della CDP.[71]

Allora, delle due l'una: o gli interessi della Goldman Sachs coincidono con quelli dello Stato, e allora è del tutto normale che il presidente di un ente pubblico (dal quale GS compra poi delle società controllate) sia nello stesso tempo anche un suo consulente, o che il direttore del Tesoro ne diventi vicepresidente, dopo aver ceduto alla banca il patrimonio immobiliare di un ente pubblico; oppure gli interessi di GS e quelli dello Stato non solo non coincidono, ma confliggono, come spesso succede quando c'è un venditore da una parte e un compratore dall'altra, e quindi non è affatto normale che il presidente di un ente pubblico o il direttore del Tesoro stiano un po' di qua e un po' di là. Difficile capire chi e come possa sostenere la prima opzione.[72] Ricordiamo, per inciso, che un normalissimo dipendente pubblico sottostà a vincoli lavorativi ben più stringenti.

Dello stato-nazione, alla fine, è rimasta la forma vuota, dietro cui opera quello che Hardt e Negri chiamano «un apparato di potere decentrato e deterritorializzante, che progressivamente incorpora l'intero spazio mondiale all'interno delle sue frontiere aperte e in continua espansione»[73].

«Il *supercapitalismo* ha rimpiazzato a un tempo capitalismo e democrazia. Le grandi aziende, le banche e gli ultraricchi combattono nell'arena politica tramite plotoni di lobbisti, avvocati, esperti e specialisti di pubbliche relazioni, modellando le normative governative a proprio vantaggio o a svantaggio della concorrenza.

Negli anni '70 il 3% dei parlamentari dopo la fine del proprio mandato diventava lobbista; oggi sono il 50%».[74]

Tornando ai beneficiari della profezia prodiana, oggi le multinazionali possono trattare da una posizione di forza con i singoli Stati, facendo leva sul ricatto del lavoro e degli investimenti. I trattamenti fiscali di favore di cui beneficiano rappresentano il simbolo della diseguaglianza. Le grandi multinazionali *high-tech*, in particolare, si sono ormai configurate come nuovi enti lontanissimi dalle vecchie aziende. Sono delle enclavi nelle quali anche le norme e le regole degli Stati in cui operano cessano di essere efficaci in virtù delle loro dimensioni transnazionali e del potere di contrattazione acquisito.

Gli Stati, dal canto loro, si trovano in condizioni analoghe a quelle degli imperatori costretti dopo l'anno Mille a prendere atto della crescente potenza dei grandi feudatari, preferendo rinunciare alle loro prerogative in cambio della pacifica coesistenza, piuttosto che imbarcarsi in dispendiosi conflitti dall'esito tutt'altro che scontato e potenzialmente destabilizzanti.

Approfittando quindi di una normativa che fatica ad adattarsi alla rapidità delle trasformazioni in atto, risultando quindi del tutto inadeguata, le grandi multinazionali *high-tech* hanno creato delle aree franche, dei grandi "feudi", nei quali possono fare il bello e il cattivo tempo, mentre gli utenti si vengono a trovare in una sorta di doppio status: cittadini per lo Stato in cui vivono; sudditi soggetti all'arbitrio del feudatario all'interno della piattaforma.[75]

Ma, ancor prima dell'aspetto economico, a spingere la sinistra a schierarsi contro la globalizzazione avrebbe dovuto essere l'impatto che essa ha avuto sull'identità dei popoli. Da un punto di vista strettamente culturale, infatti, essa è sinonimo di americanizzazione. È il modello di vita americano che si impone su scala planetaria a scapito delle culture tradizionali, relegate ai margini e destinate a essere cancellate dalla storia. È un processo nel quale il più forte schiaccia ed elimina il più debole. Ci si aspetterebbe di trovare il PD dalla parte di queste culture; invece, da un po' di tempo a questa parte, si trova più a suo agio stando dalla parte dell'oppressore. Perché, alla fine, è qui il nocciolo della questione: si può ripetere quanto si vuole che destra e sinistra non esistano più, che siano ferri vecchi della storia così come chi ancora ne fa uso, ma gli oppressori e gli oppressi, quelli ci sono sempre. Gli uni, sempre più forti; gli altri, sempre di più.

---

[63] Edoardo Nesi, *Storia della mia gente.*

[64] https://www.lastampa.it/esteri/2006/09/14/news/prodi-cina-un-opportunita-1.37147665/ (consultato l'ultima volta il 30/11/2023).

[65] La curva dell'elefante di Branko Milanovic mostra come i benefici della globalizzazione siano stati iniqui a livello planetario. Nessun beneficio per i più poveri del mondo e quasi nessuno per la classe media occidentale; benefici per le nascenti classi medie delle economie emergenti (Cina e India) e grandissimi benefici per l'1% più ricco. https://en.wikipedia.org/wiki/The_Elephant_Curve (consultato l'ultima volta il 30/11/2023).

[66] "La fine della globalizzazione (oppure no?)", Alliance Sud, del 21/06/2022. https://www.alliancesud.ch/it/la-fine-della-globalizzazione-oppure-no (consultato l'ultima volta il 30/11/2023).

[67] http://www.romanoprodi.it/interventi/il-pd-deve-saper-affrontare-la-nuova-complessa-fase-della-storia-in-una-sinergia-tra-riformismo-e-radicalismo-dolce_20107.html (consultato l'ultima volta il 30/11/2023).

[68] Prem Shankar Jha, *Il caos prossimo venturo.*

[69] Negli Stati Uniti il fenomeno ha oramai assunto un carattere sistemico. https://www.opensecrets.org/revolving/ (consultato l'ultima volta il 30/11/2023).

[70] Per riferirsi alle amministrazioni Clinton e Bush è stata eloquentemente adottata l'espressione "Government Sachs". https://www.huffpost.com/entry/government-sachs-goldmans_n_210561

[71] https://www.econopoly.ilsole24ore.com/2021/02/21/draghi-monti-prodi-goldman-sachs/ (consultato l'ultima volta il 30/11/2023). Più emblematico di tutti, il caso di Henry Paulson, CEO della Goldman Sachs fino al 2006 e sottosegretario al Tesoro di Bush dal 2006 al 2009. In qualità di CEO multato per una frode che aveva causato agli investitori una perdita di un miliardo di dollari e poi, in qualità di sottosegretario al

Tesoro, regista del salvataggio coi soldi pubblici delle banche a rischio, tra le quale la stessa GS.

https://www.nytimes.com/2009/08/09/business/09paulson.html (consultato l'ultima volta il 30/11/2023).

[72] Partiamo dal presupposto che abbiano operato tutti con specchiata onestà (tanto da essere attesi in paradiso da Traiano e Costantino nel cielo degli Spiriti Giusti), magari cancellando dalla memoria tutte le informazioni riservate acquisite durante i delicati incarichi pubblici ricoperti e che avrebbero poi potuto sfruttare per fare ottimi affari, ma se tre degli ultimi nove presidenti del Consiglio hanno lavorato per GS, allora alla gente comune, non a quelli che "decidono le sorti del mondo", viene da porsi una domanda: è stata una casualità che i nostri rappresentanti li abbiano eletti, come poteva capitare che eleggessero tre impiegati della CONAD o della COOP, o GS si è adoperata in qualche modo per eleggerli attraverso i nostri rappresentanti?

[73] Michael Hardt e Antonio Negri, *Impero*.

Semmai, l'errore è credere, come fanno i due autori, che l'*Impero* «generi esso stesso le condizioni del suo superamento». Non si può escludere a priori, ma anziché la "moltitudine" da loro preconizzata, è molto più probabile che sia un'altra élite, così come l'élite attuale ha soppiantato o integrato la precedente.

[74] Robert Reich, *Supercapitalismo*.

[75] Prendiamo *Meta*, che, per le sue dimensioni e per essere ormai entrato a far parte della vita di tutti, rappresenta l'esempio più eloquente (ma il discorso vale ovviamente per tutte le grandi piattaforme). Aprire un *profilo* è a tutti gli effetti un contratto, non un dono graziosamente elargito. In cambio di un servizio gratuito, la piattaforma ottiene l'adesione dell'utente, che si traduce in un maggior potere contrattuale sul mercato delle inserzioni e quindi in un aumento di valore.

Nella realtà, però, il rapporto non è affatto paritario. Va molto al di là dei contratti standard con clausole vessatorie predisposti unilateralmente da grandi aziende, come fornitori di elettricità o servizi di telefonia. La piattaforma, infatti, può in qualsiasi momento cacciare l'utente, sia perché ritiene che questi abbia violato la sua *policy*, sia perché ha deciso di cambiare la sua *policy*, magari chiedendo di pagare ciò che prima era gratuito, sia anche per un semplice errore.

Si aggiunga il fatto che la piattaforma, nonostante eserciti la sua attività grazie al permesso dello Stato in cui opera, gestendo uno spazio aperto al pubblico, di fatto beneficia di una sorta di extraterritorialità, dal momento che le sue regole possono non coincidere con le leggi in vigore. L'apologia del fascismo, per esempio, può essere tollerata, mentre un nudo del Cinquecento può costituire una violazione della sua *policy*. Ne deriva quindi che un utente può essere estromesso per un'infrazione delle regole della piattaforma senza che questa sia una violazione della legge, oppure può continuare a operare pur violando la legge ma non le sue regole.

Ora, quasi tutti hanno un profilo *Facebook* o *Instagram*. Per molti questo *profilo* rappresenta una parte importante della propria vita, raccogliendo ricordi, relazioni, attività, ecc. Per queste persone perderlo potrebbe rappresentare un danno esistenziale (o anche economico) enorme e, in quanto tale, tutelabile per legge. Tuttavia, al contrario di ciò che accadrebbe in qualsiasi altro contratto, far valere le proprie ragioni presso un ente giudicante risulta estremamente difficile, nonché estremamente oneroso. Bisogna dunque accettare che l'ente giudicante sia la stessa piattaforma. Eppure, in nessun esercizio aperto al pubblico si sottostà all'arbitrio del proprietario. Un cliente di un supermercato può essere bloccato per taccheggio, ma sarà lo Stato a comminare la sanzione, senza perciò precludergli il diritto di tornare in quel supermercato a fare i suoi acquisti.

L'equivoco di base è che siccome la piattaforma è privata anche lo spazio virtuale lo sia. Invece, lo spazio virtuale è pubblico, né più e né meno di quanto lo siano le frequenze televisive, e vi accadono fatti reali (relazioni, scambi commerciali, promozioni pubblicitarie, ecc.). Andrebbe quindi regolato da una normativa *ad hoc*, nonché sottoposto a una giurisdizione specifica concepita per il settore, perché non si può certo intentare una causa civile per ogni profilo sospeso o chiuso. Allo stato attuale, tuttavia, la specificità di queste aziende non è stata colta dal legislatore.

Oggi possiamo solo prendere atto di come le grandi piattaforme abbiano acquisito un potere abnorme, del tutto inconciliabile con i diritti garantiti in uno Stato democratico. Ma non solo, si tratta di un potere inevitabilmente destinato a minare il funzionamento delle democrazie, laddove il proprietario decida di schierarsi per un candidato, come accaduto alle ultime elezioni americane, o di candidarsi egli stesso. Ormai sono dei moderni leviatani, simboli di un sistema nuovo, una sorta di *feudalesimo digitale*.

Parte seconda

Dove siamo arrivati

8. Un'ideologia da fumetto

La metamorfosi dell'erede di quello che un tempo fu un partito di sinistra si è compiuta. Nella conclusione del precedente capitolo ne è racchiuso il senso.

Ormai il solo definirsi di sinistra lascia trapelare una sorta di disagio. Con la nascita del PD, i nuovi dirigenti, che poi erano i vecchi, hanno coniato la nuova definizione di "centrosinistra", liberandosi con sollievo di quel trattino che caratterizzava le precedenti aggregazioni elettorali e che tanto li angustiava. Come se quel trattino, isolando la parola sinistra, rendesse qualcuno ancora identificabile e additabile al pubblico ludibrio.

Per quanto sia stata annacquata la provenienza, tuttavia, permane la sensazione di un vago imbarazzo nei confronti di quella parola che non vuole scomparire del tutto, un po' come succede a quelle persone perbene appartenenti a famiglie malavitose quando il loro nome viene associato all'ingombrante parentela. Sembra che a sentire *sinistra*, anche loro si schermiscano e vorrebbero frettolosamente liquidare l'argomento dicendo: «sì, sì, è vero, ma non ci frequentiamo e non abbiamo niente a che spartire».

Certamente sarebbero più contenti se potessero dire solo *centro*. O meglio ancora, a scanso di equivoci, *centromoderato*. Che poi sarebbe la pura e semplice verità.

Senonché, tenere la fastidiosa reliquia nella ragione sociale della *Ditta* può tornare utile. Per esempio, in campagna elettorale, o stando sui banchi dell'opposizione, o anche quando un provvedimento da loro varato sta esattamente agli antipodi della sinistra. Quando, con tutta la prosopopea del caso, possono dire: «abbiamo fatto una cosa di sinistra». E già la necessità di doverlo puntualizzare vi dice che il boccone è troppo amaro da ingoiare, che si tratta di una cosa proprio di destra, perché se fosse stata di centro, si sarebbe potuta ancora interpretarla come quasi di sinistra senza bisogno di specificarlo.

Per il resto, il PD è rimasto di sinistra (forse per la necessità di marcare il territorio) solo per la destra.

Se l'inversione a 180° operata dai vertici negli anni '90, come abbiamo visto, fu repentina, praticamente dalla mattina alla sera, c'è voluto, invece, più tempo per riorganizzare un partito che riflettesse il nuovo indirizzo. La nascita del PD rappresenta il completamento di questo processo.

Animato da quella specie di kennedismo di risulta che fu l'ecumenismo veltroniano, il nuovo partito dei vecchi comunisti nasce, per usare un eufemismo, come forza inclusiva. Perché il Kennedy di Veltroni non è quello storico, che patrocinava gli attentati terroristici a Cuba (più di 5000 in meno di un anno e mezzo)[76] o l'assassinio del presidente vietnamita, reo di non volere basi americane nel suo paese,[77] bensì quello da fumetto, quello che «tutti noi abitiamo questo piccolo pianeta, respiriamo la stessa aria, ci preoccupiamo per il futuro dei nostri figli, e siamo tutti mortali».[78] Bastava e avanzava pure, il fumetto, per rappresentare l'ideologia del nuovo partito. Non serviva altro.

Così, al nuovo segretario dovette sembrare una mossa non poco astuta metterci dentro tutto e il contrario di tutto. Come poter puntare alla roulette su tutti i numeri. Per cui se componi una specie di presepe, addobbando le liste con un vecchio e un giovane, una femminista e una cattolica integralista, un rappresentante di Confindustria e un operaio (meglio ancora se con una tragedia sul lavoro alle spalle), ecc., e lo illumini poi con la cometa dei buoni sentimenti, ti voteranno vecchi e giovani, femministe e integraliste, industriali e operai, ecc.

Perché all'interno del partito sono tutti uguali, anche se diversi, e, va da sé, destinati a rimanere diversi. Il partito diventa dunque luogo di uguaglianza, anche se puramente virtuale, perché una volta tornati alla vita di fuori, l'imprenditore riprende a fare i propri interessi con buona pace delle rivendicazioni dell'operaio. Insomma, un partito di tutti e di nessuno.

Poteva un simile progetto non rivelarsi vincente? Sì, poteva.

Lo si intuiva dalle facce dei padri fondatori, che, parafrasando Longanesi, spaventavano quanto le idee che rappresentavano. Ma poi ne abbiamo avuto l'immediata conferma con il suo spumeggiante esordio, un concentrato di fine strategia e lungimiranza politica, essendo riuscito in poco più di tre mesi a far cadere il governo Prodi, ricompattare la destra, una volta tanto divisa, e riconsegnare le chiavi del paese a Berlusconi. E ulteriore conferma è arrivata dopo con l'emergere delle nuove leve tuttora attive nei *talk-show*. Telegeniche, sorridenti, scandalosamente impreparate, delle quali l'unica cosa che non si capiva era come mai non militassero in Forza Italia.

La cosa difficile da spiegare, semmai, è come un progetto politico così vuoto e insulso abbia potuto essere preso sul serio. Come sia stato possibile che milioni di persone di sinistra abbiano partecipato alle primarie, siano andate ai comizi senza munirsi di pomodori e lo abbiano votato, quando era chiaro come il giorno che stava lì a officiare la commemorazione della sinistra scomparsa anni prima, rimane un mistero.

Siamo così arrivati ai giorni nostri.

Se, come sostiene Domenico Fisichella, citato nel libro di Bobbio, «la sinistra è fondata sull'idea di uguaglianza, la destra su quella di inegualitarismo», verrebbe di primo acchito difficile spiegare come mai a Roma il PD vinca solo ai Parioli e perda nelle borgate, o come mai lo voti la maggioranza di chi guadagna più di 5000 euro al mese, mentre precari e operai gli hanno voltato le spalle. Dato quel presupposto, infatti, ne deriverebbe che i ceti più deboli votano per l'inegualitarismo, mentre i più agiati per l'uguaglianza. Per conseguenza, si dovrebbe dedurre che mentre i primi non capiscano chi difende i loro interessi, i secondi votino per coloro che difendono gli interessi dei primi. Una teoria piuttosto arzigogolata. Molto più lineare dedurre che il PD non difende gli interessi dei ceti deboli, ma quelli dei più benestanti.

Si può veramente pensare che quando il PD propone le politiche di Draghi come modello da seguire possa raccogliere un minimo di consensi tra le fasce più deboli? Veramente c'è stato qualcuno in quel partito che ha potuto immaginare che oggi nelle periferie e nelle aree più disagiate del paese la gente veda in un banchiere il suo campione? Veramente nessuno all'interno del partito ha alzato la mano per sollevare qualche dubbio, per dire «beh, ragazzi, mi pare che così si stia un po' esagerando»?

Per quanti pochi voti abbia preso in quei quartieri, il PD ne ha presi sempre troppi. Identificarsi nelle politiche di Draghi significa né più né meno che offrirsi come un *punching-ball* alla destra, rendere a Meloni *& company* la campagna elettorale più facile che un tiro al bersaglio sulla Croce Rossa.

A questo punto, è sotto gli occhi di tutti: è pure riduttivo definire il PD come un partito interclassista, ormai è una vera e propria Arca di Noè della fauna politica nostrana, seppur destinato all'epilogo opposto dell'esempio biblico.

Misurarsi con le sfide poste dalla società del XXI secolo, come vedremo nei prossimi capitoli, è un'impresa a perdere, muovendo dal semplice principio che se deve fare cose di destra, le farà sempre meglio la destra. Non hanno quindi motivo di votarlo gli elettori di destra, perché votano già l'originale, né, tanto meno, ne hanno motivo quelli di sinistra, che se devono vedere il partito per cui votano fare cose di destra, preferiranno starsene a casa.

---

[76] https://en.wikipedia.org/wiki/Operation_Mongoose (consultato l'ultima volta il 2/12/2023).

[77] https://nsarchive2.gwu.edu/NSAEBB/NSAEBB101/ (consultato l'ultima volta il 2/12/2023).

[78] John Kennedy, Discorso all'inaugurazione dell'America University del 13 giugno 1963.

9. Il lavoro che gli italiani non vogliono più fare

I perimetri entro i quali i governi nazionali possono oggi muoversi – l'abbiamo visto – sono ben circoscritti e vanno in una sola direzione. Le possibilità di discostarsi per poter fare qualcosa di sinistra sono ridotte ai minimi, soprattutto per quelle economie più fragili come la nostra. Ma quando si abborda il tema dell'immigrazione si entra in un campo minato, nel quale allo stato attuale non c'è proprio partita.

Non a caso l'immigrazione è per i politici di destra tutto grasso che cola, l'inesauribile serbatoio dal quale attingono la maggior parte dei voti, in Italia come nel resto d'Europa. Molti di loro ci hanno costruito la carriera. Senza migranti non avrebbero mai vinto nemmeno le elezioni condominiali.

Scrive Bertrand Russell: "Ovunque si mescolino razze diverse il sentimento di odio razziale tende a crescere [...] Io credo che la componente istintiva dell'odio razziale sia la paura: paura di tutto ciò che è strano, la paura di tutto ciò che minaccia il nostro consueto stile di vita. [...] Se il mondo fosse ben equilibrato e la posizione di ognuno fosse sicura, non crederei nemmeno per un istante che le diverse razze potrebbero odiarsi l'una con l'altra".[79] Ma il mondo, come sappiamo, è ben lungi dall'essere equilibrato, così come la posizione di ognuno è ben lungi dall'essere sicura. E da questi dati di fatto dobbiamo muovere.

Alcune considerazioni generali (cioè, condivisibili da ogni persona, sia di destra o di sinistra): è contrario a ogni principio etico e al più elementare senso di umanità lasciar morire le persone in mezzo al mare, come di fatto accade tutti i giorni; è immorale finanziare governi e/o bande criminali che trattengono i migranti in delle specie di lager in violazione di ogni diritto umano, come ormai si fa a cuor leggero[80]; è obiettivamente impossibile accogliere tutte le persone che vogliono venire in Europa; è innegabile che all'aumento dei fenomeni migratori si associ un degrado delle periferie e dei centri storici, dovuto in parte a stili di vita molto lontani dai nostri e in parte all'illegalità nella quale, spesso per forza di cose, molti immigrati finiscono per cadere; è altrettanto innegabile che una buona maggioranza della manodopera dei migranti finisca nelle maglie dello sfruttamento, il quale a sua volta si ripercuote sul più generale abbassamento del costo del lavoro.

Date queste premesse, l'immigrazione per la sinistra è un *cul-de-sac*. I suoi valori le imporrebbero di accogliere tutti. Da una parte, quindi, temendo di passare per razzista, rifiuta di associare immigrazione e aumento dell'illegalità, imbarcandosi nella difesa di cause perse. Eppure, è un dato oggettivo che gli stranieri superano il 35,3% della popolazione carceraria[81] e il 40% dei condannati per reati sessuali,[82] pur essendo solo il 10% della popolazione totale. Ancora di più, le sembra politicamente scorretto ammettere l'impatto che culture più retrograde, se non oscurantiste, possono avere sul tessuto sociale. Anzi, le sembra già politicamente scorretto ammettere l'esistenza di cultura più retrograde.[83] Tuttavia, sotto l'ombrello del relativismo non può starci tutto. In Italia un numero compreso tra le 12000 e le 20000 ragazze tra 0 e 18 anni è a rischio di mutilazione genitale.[84] In Italia, non in Sudan. Per non parlare dei cosiddetti "reati culturalmente motivati", che sono avvertiti come "minacce al nostro stile di vita": ci appare come residuo di un lontano passato il fatto che una ragazza possa essere uccisa dalla propria famiglia perché rifiuta un matrimonio combinato.

Dall'altra parte, accogliere tutti è ovviamente insostenibile e avrebbe il solo effetto di fornire ulteriore alimento alla propaganda di destra, anche perché bisogna pure considerare che i nostri modelli di accoglienza non sono quelli tedeschi. Non si risolve il problema accogliendo gli immigrati per poi lasciarli sotto i ponti o nelle baraccopoli.

La sinistra prova quindi a tracciare una linea con formule che dovrebbero, da un lato, giustificare in una certa misura il flusso migratorio, tipo «gli immigrati fanno i lavori che gli italiani non vogliono più fare», e dall'altro fissare dei paletti per non trasformarlo in invasione, invocando la distinzione tra richiedenti asilo e migranti economici. Strategie entrambe che però mancano di molto il bersaglio.

Dall'Italia, nell'ultimo decennio, sono emigrati circa 250000 giovani. Per descrivere il fenomeno è invalsa l'espressione "fuga dei cervelli". In sostanza, il quadro semplificato che ne deriva sarebbe: arrivano le braccia, partono i cervelli. Molto semplificato, in verità, visto che alcune delle braccia che arrivano appartengono a laureati e alcuni dei cervelli che partono non sono arrivati nemmeno al diploma. Detto ciò, non è facile capire quali siano questi lavori che gli italiani non vogliono più fare, se a un concorso per 200 netturbini partecipano 26000 persone, tra le quali 1200 laureate[85].

In realtà, molti dei "cervelli" che partono, soprattutto dal sud Italia, vanno a lavorare come camerieri o in cucina a Londra, in Svizzera o in Germania, mentre nelle loro città di origine lavorano come camerieri o in cucina persone provenienti dall'Africa o dallo Sri Lanka. Mettendo meglio a fuoco la questione, non è che questi giovani non vogliano più fare quei lavori; non vogliono fare i camerieri per quattro soldi e senza alcun diritto, cosa che invece gli immigrati accettano di fare perché obbligati dalla necessità. In fin dei conti, il lavoro che gli italiani non vogliono più fare è uno soltanto: lo schiavo.

Tra gli altri effetti del fenomeno migratorio sulla nostra società, infatti, dobbiamo considerare oltre all'abbassamento delle retribuzioni, anche il restringimento dei diritti dei lavoratori, perché è chiaro che a certi "imprenditori" sembra assurdo fare un contratto normale a un dipendente quando ormai sono abituati a immigrati pronti a obbedire silenziosamente a ogni loro richiesta e ad accettare ogni loro sopruso senza battere ciglio.

Quanto alla distinzione tra richiedenti asilo per motivi politici e migranti economici, essa è quanto meno illogica. Se uno non ha di che mangiare, muore, e di conseguenza non beneficia più di nessun diritto. Si direbbe che un migrante economico, diversamente da un perseguitato politico, si muova per capriccio, quando, nella sostanza, non cambia molto tra l'essere perseguitati da un regime autoritario o intollerante ed essere perseguitato dalla fame. Anzi, la seconda situazione è peggio della prima, perché puoi evitare di professare apertamente idee politiche o fedi religiose che ti espongono a essere perseguitato, ma non puoi evitare la fame.

In sintesi, la sinistra non può uscire dall'*impasse*. In qualunque modo si muova, ci rimette. O con le sue discutibili formule finisce per esacerbare l'ostilità popolare verso l'immigrazione e spingere la gente fra le braccia della destra, oppure compie azioni degne dei peggiori governi di destra, come firmare accordi e dare sostegno a regimi criminali come quello libico, dei quali peraltro qualche anno addietro un ministro del PD pure si vantava.

Netta, invece, è la posizione della destra. «Aiutiamoli a casa loro» è il suo *refrain*. Seppur più simile a una barzelletta che a una linea politica, complice anche il progressivo abbassamento del livello di alfabetizzazione dell'elettorato, la formula ha avuto fortuna. Durante le campagne elettorali furoreggia. I risultati delle urne ne confermano l'efficacia.

La sola battaglia che potrebbe condurre la sinistra dovrebbe necessariamente uscire dai confini nazionali. Non "aiutiamoli a casa loro", bisognerebbe dire, che è presumere troppo, ma evitiamo di importunarli ulteriormente a casa loro, che già sarebbe un primo passo. Perché questo è il punto. Questo hanno fatto e continuano a fare i paesi occidentali fin dalla fine del colonialismo, con il favorire colpi di stato che hanno stroncato sul nascere la speranza di riscatto di alcuni paesi, eliminando personaggi simbolo come Sankara e Lumumba, a beneficio di autocrati senza scrupoli che hanno collaborato al saccheggio delle ricchezze dei propri paesi. I fenomeni migratori sempre più di massa sono imputabili anche alle guerre locali favorite in maniera indiretta dalle potenze occidentali e/o allo sfruttamento selvaggio delle risorse di quei paesi ad opera delle multinazionali occidentali o dei paesi emergenti, Cina *in primis*, nonché ai vari conflitti innescati direttamente dall'Occidente.[86]

Ancor prima dell'immigrazione, bisognerebbe contrastare le cause che la determinano, ma questo è oggi ben al di là delle possibilità della sinistra, che, a dire il vero, sembra averne perso anche la vocazione. Il problema è globale e, come dice Bauman, «i problemi di origine globale possono essere risolti soltanto nella sfera globale».

La globalizzazione ha prodotto una guerra tra poveri. I poveri italiani, francesi e tedeschi vedono i loro nemici nei poveri del terzo mondo che vogliono entrare. I proletari di tutto il mondo non si sono uniti. Anzi, ogni forma di solidarietà e di empatia è stata spezzata. La violazione di ogni diritto praticata a Ventimiglia o al confine tra Polonia e Bielorussia, nonché le migliaia di morti nel Mediterraneo[87], sembrano produrre una sorta di mitridatizzazione verso la sofferenza e il dolore. Sono fatti che dovrebbero scatenare proteste di massa, invece solo poche e sporadiche voci si levano quando il governo inglese, in spregio di ogni diritto della persona, decide di deportare gli immigrati in Rwanda, dopo averli rinchiusi in una chiatta galleggiante.[88] Un governo, peraltro, che, per ironia della storia, annoverava tra i suoi componenti diversi discendenti di migranti, a cominciare dal primo ministro, proveniente da una famiglia emigrata una prima volta dall'India all'Africa orientale e una seconda dall'Africa orientale al Regno Unito. L'indifferenza è ormai prevalente, e anche se si sapesse che in Libia sono stati organizzati dei campi di concentramento, e ci siamo quasi, continueremmo a sostenere e a fare accordi con quel governo.

Alla fine, i movimenti migratori di massa sono la cartina di tornasole del fallimento di ogni ideale di sinistra su scala planetaria, nonché dell'insostenibilità e dell'ingiustizia che il neoliberismo globalizzante sparge nel mondo. «L'organizzazione economica attuale, fondata sulla circolazione incontrollata dei capitali, senza un obiettivo sociale e ambientale, si apparenta molto spesso a una forma di neocolonialismo a vantaggio dei più ricchi».[89]

Ma c'è ancora da soffermarsi su un fenomeno che a prima vista potrebbe apparire inspiegabile. La destra mantiene il favore popolare anche senza far niente. Anzi, anche se fa peggio.

Sono diminuiti gli sbarchi dopo più di tre anni di governo? No. Il primo anno sono aumentati del 70%, per poi scendere ed attestarsi ad agosto 2025 a una cifra che è comunque il triplo a quella registrata a dicembre 2018[90] durante il primo governo Conte. Sono aumentati i rimpatri? No, sono ancora sotto la media registrata prima del Covid.[91] Sono diminuiti gli immigrati coinvolti in casi di cronaca? Sono più sicure le periferie o le stazioni delle grandi città? È scomparso il degrado della gente accampata ovunque? Sono scomparse le zone franche in mano agli spacciatori? Niente di tutto ciò è successo. Anzi, le statistiche ci dicono che nel 2024 i reati sono aumentati del 3,9% rispetto al 2019 e del 2 rispetto all'anno prima.[92]

La spiegazione di questo paradosso, ancor prima che nella prassi politica, è da ricercare nella strategia comunicativa. Nella guerra tra poveri in atto, che non di rado si adopera a fomentare, la destra si schiera senza esitazioni con i poveri italiani, che oggi sono i penultimi della scala sociale, ma stanno peggio di quando erano gli ultimi, dal momento che sono quelli che più subiscono gli effetti dell'immigrazione. La sinistra, invece, anche quando si comporta come la destra, lo fa cercando di apparire equilibrata. Vuole evitare la deriva demagogica e mantenere una sorta di imparzialità, facendosi portavoce anche delle ragioni dei nuovi ultimi. Senonché, un tale approccio avrebbe qualche speranza di successo solo se il perseguimento di una maggiore giustizia sociale fosse il cardine della sua linea politica. Invece, di giustizia sociale, non se ne vede nemmeno l'ombra. Uscendosene poi con affermazioni tipo «anche gli italiani delinquono» (come se ciò fosse un incentivo a farne arrivare altri dall'estero) o tessendo scioccamente le lodi *melting pot* americano (frutto di un processo e di un contesto storico del tutto diversi e ultimamente impegnato più a costruire muri e campi di detenzione che ad accogliere), finisce per far passare il messaggio di essere dalla parte degli immigrati. Non c'è niente di cui sorprendersi quindi se nei ceti meno abbienti l'ostilità verso la sinistra e tutti i suoi rappresentanti, e pure verso il politicamente corretto, abbia superato quella verso gli stessi stranieri.

Nessuno dei due schieramenti, alla fine, è in grado di arginare quello che è un fenomeno epocale, ma in questa situazione i leader della destra hanno gioco facile nell'aizzare il malcontento della popolazione contro la parte avversa. Gli basta stigmatizzare l'episodio di cronaca che vede implicati degli immigrati, pur stando al governo ed essendo loro i responsabili dell'ordine pubblico e pur disponendo della maggioranza parlamentare per modificare le leggi come meglio credono, perché, alla fin fine, la gente si accontenta delle parole. Anzi, attribuisce più peso alle parole che ai fatti.

Ci si potrebbe chiedere a questo punto quali battaglie dovrebbe condurre una forza di sinistra sul tema dell'immigrazione, ma le risposte non sarebbero molto incoraggianti.

Certo, negli anni di governo, come detto prima, rendere i poveri un po' meno poveri sarebbe stato un primo passo, perché maggiore è la povertà e più i migranti sono avvertiti come una minaccia, nonché affrontare i numerosi problemi di degrado e illegalità diffusi nel territorio, non solo nelle aree metropolitane, ma anche nelle numerose baraccopoli del centro-sud.[93]

In ambito europeo, oggi, potrebbe provare a capire se l'UE serva a qualcosa, oltre alla libera circolazione di merci e capitali e lobbisti e alla corsa agli armamenti, perché non si spiega come mai i profughi ucraini che arrivano in Polonia e Ungheria possono poi passare in Italia e nessuno di quelli che arrivano in Italia da Siria e Afghanistan possa spostarsi in Polonia e Ungheria.

Quando poi la stessa UE stringe accordi con paesi come la Libia, potrebbe subordinare gli aiuti alla presenza di osservatori europei in loco che verifichino il rispetto dei diritti umani o, meglio ancora, partecipare direttamente alla gestione di quelle strutture.

Inoltre, procedendo per difficoltà crescente, potrebbe adoperarsi per frenare o comunque per non partecipare a ulteriori conflitti, visto che sappiamo quali sono le conseguenze, e per arrestare lo sfruttamento indiscriminato delle risorse africane, magari cominciando con le aziende italiane,[94] e l'accaparramento delle terre,[95] ecc., prima di passare ai tanto attesi aiuti a casa loro.

Tutte misure i cui effetti sarebbero comunque visibili più o meno a lunga scadenza e tutte misure per le quali forse nemmeno gli allibratori inglesi accetterebbero scommesse.

---

[79] Bertrand Russell, *Il trionfo della stupidità*.
[80] https://www.amnesty.it/appelli/fermiamo-la-detenzione-la-tortura-rifugiati-migranti-libia/ (consultato l'ultima volta il 2/12/2023).
[81] https://openmigration.org/idee/tutti-i-numeri-sugli-stranieri-in-carcere-in-europa-e-in-italia/ (consultato l'ultima volta il 2/12/2023).
[82] https://www.istat.it/it/violenza-sulle-donne/il-percorso-giudiziario/denunce (consultato l'ultima volta il 2/12/2023).
[83] Senza che ciò costituisca necessariamente un giudizio di valore, tali possono essere considerate culture nelle quali sopravvivono usi e costumi che nella nostra società sono scomparsi trenta, cinquanta o anche cento anni fa, come, per esempio, l'arcaico senso dell'onore di molti immigrati provenienti dai Balcani o la religiosità pervasiva di molti immigrati del Maghreb.
[84] Istituto europeo per l'uguaglianza di genere. https://eige.europa.eu/sites/default/files/documents/20182881_mh0218658itn_pdf.pdf (consultato l'ultima volta il 2/12/2023).
[85] https://www.ilfattoquotidiano.it/2022/09/14/napoli-piu-di-1000-laureati-al-concorso-per-500-posti-da-netturbino-non-ci-sono-opportunita-lalternativa-e-lasciare-litalia/6803902/
[86] Le principali nazionalità dei richiedenti asilo in Europa nel 2022 sono siriani e afgani, perché gli Stati Uniti sono bravi a difendere la democrazia nel mondo, un po' meno nell'occuparsi delle conseguenze.
[87] https://www.ilsole24ore.com/art/migranti-cimitero-mediterraneo-26mila-morti-dieci-anni-AErgEVuC (consultato l'ultima volta il 2/12/2023).
[88] https://www.nigrizia.it/notizia/londra-richiedenti-asilo-bibby-stockholm-condominio-galleggiante-rwanda (consultato l'ultima volta il 23/7/2023).
[89] T. Piketty, *Una breve storia dell'uguaglianza*.
[90] https://pagellapolitica.it/articoli/fact-checking-meloni-calo-sbarchi-migranti (consultato l'ultima volta il 10/10/2025).
[91] https://pagellapolitica.it/articoli/numeri-rimpatri-migranti-governo-meloni (consultato l'ultima volta il 10/10/2025).
[92] https://www.censis.it/sites/default/files/downloads/SintesiUNIV-CENSISdef_0.pdf (consultato l'ultima volta il 10/10/2025).

[93] https://www.agi.it/cronaca/migranti_baraccopoli_dove_sono-3994448/news/2018-06-05/ (consultato l'ultima volta il 2/12/2023).
[94] https://www.amnesty.it/nigeria-scoperte-gravi-negligenze-parte-shell-ed-eni/ (consultato l'ultima volta il 2/12/2023).
[95] https://www.truenumbers.it/neocolonialismo-africa/ (consultato l'ultima volta il 2/12/2023).

10. Islamofobia e *islamo-gauchisme*

Strettamente connesso al discorso sull'immigrazione è quello sull'islam, che per la sua complessità merita uno spazio a parte.

Tra le diverse comunità di immigrati presenti nel nostro paese, quella che viene avvertita come più estranea e con la quale, per conseguenza, i rapporti risultano più problematici e l'integrazione più difficile è la comunità islamica.

La radice del difficile rapporto islam/occidente è stata a suo tempo ben messa a fuoco da Emanuele Severino: «Nel medioevo la cultura cristiana e quella islamica crescono entrambe nel terreno della filosofia greca. Poi il cristianesimo, a differenza dell'Islam, si imbatte nella cultura moderna, che lo mette radicalmente in questione [...] L'Islam ignora l'atteggiamento critico in cui consiste la modernità».[96]

I fenomeni migratori hanno portato all'incontro-scontro tra due mondi separati dalla storia, provocando una specie di shock culturale. La società secolarizzata occidentale vede sopraggiungere un elemento perturbante e minaccioso, una sorta di fantasma proveniente dal passato. Si capisce quindi la paura, la diffidenza e l'ostilità che ne derivano. D'altra parte, l'islamico si trova catapultato in un mondo estraneo che avverte come una minaccia per la propria identità. Trovare un compromesso non è possibile, o comunque non è per niente facile, perché ognuna delle due parti avverte (giustamente) l'altra come inconciliabile col proprio modo di essere. E non si tratta di dispute puramente teoriche, che possono rimanere confinate negli studi di filosofi e teologi, bensì di manifestazioni che si esprimono nella vita di tutti i giorni.

Non ha molta forza l'argomento dell'occidentale, secondo cui lo scontro avviene a casa sua e per evitarlo basterebbe che l'islamico se ne tornasse da dove è venuto. Non ha molta forza perché l'islamico è sempre più spesso di seconda o anche di terza generazione. E comunque, negli intrecci successivi al post-colonialismo e al neocolonialismo della globalizzazione, nessuno sta più a casa propria. E, se vogliamo essere precisi, sono stati i francesi ad andare per primi in Algeria, non gli algerini ad andare in Francia, e sono sempre i francesi che ancora oggi si intromettono negli affari interni dei paesi dell'Africa Occidentale, non questi ultimi a intromettersi nella vita politica francese.

D'altra parte, non è nemmeno ragionevole aggiungere ai tanti deliri del politicamente corretto, anche l'islamofobia. È chiaro che, dal punto di vista dell'islamico, vedere la propria religione messa in discussione equivale a sentirsi attaccato. Il punto è che non è attaccato in quanto non cristiano, ma in quanto portatore di un credo che mal si concilia con lo stile di vita occidentale, e non può pretendere che il resto del mondo arresti l'orologio al medioevo per adattarsi a lui. Coniare addirittura il termine di islamofobia suscita qualche perplessità. Seguendo la stessa logica, bandiremo Voltaire dalle biblioteche in quanto cristianofobo?

Le perplessità aumentano quando il termine viene pronunciato da politici che si definiscono di sinistra. Significa essere islamofobi se si critica la *sharia*? O fare ironia sulle credenze islamiche, come normalmente si fa con quelle cristiane? Sono posizioni, inutile ripeterlo, che offrono paradossalmente alla destra la possibilità di ergersi a paladina del libero pensiero.

Ancor più singolare è il caso di alcuni ambienti di estrema sinistra spesso portati addirittura a simpatizzare con l'islam, fenomeno conosciuto in Francia col termine *islamo-gauchisme*.[97]

Intanto possiamo escludere con ragionevole certezza che la simpatia sia reciproca. Difficilmente l'altra parte ricambierà la solidarietà ricevuta partecipando a una manifestazione per i diritti delle donne o per la legalizzazione delle droghe leggere.

La sinistra, si sa, è storicamente laica. Spesso, antireligiosa. Eppure, sembra che da qualche decennio a questa parte l'islam costituisca un'eccezione. Per quanto paradossale, il fenomeno ha una spiegazione. Ovviamente, non vi è alla base alcuna vicinanza ideologica. Tutt'altro. Tra le religioni monoteiste, quella islamica è obiettivamente quella in cui è più prevalente la componente conservatrice. Non si vuol dire con ciò che sia peggio del cristianesimo, ma solo che in conseguenza dei processi storici ricordati da Severino ha conservato quei tratti totalizzanti che caratterizzano ogni religione. Capiterà di assistere a manifestazioni di piazza in Pakistan per una vignetta irriguardosa pubblicata in Danimarca, ma è molto improbabile che una folla di cristiani si raduni in piazza a Copenaghen per protestare per un crocifisso o anche per un'intera chiesa, con fedeli inclusi, bruciati in Pakistan. Per il resto, quando si tratta di affrontare temi come omosessualità, aborto e simili, islamici e cristiani sono pronti a fare fronte comune e li abbiamo visto pure parlare dallo stesso palco.

Da dove viene allora questa simpatia, che sa molto di equivoco, dell'estrema sinistra verso l'islam?

L'origine è risaputa, e rimanda a quella che può essere considerata come la madre di tutte le tensioni legate al rapporto col mondo arabo: l'annosa questione del conflitto israeliano-palestinese, tornata sotto la luce dei riflettori dopo il 7 ottobre 2023, sebbene non abbia mai smesso di essere di attualità.

La sua nascita è rappresentata dalla scellerata decisione dei paesi occidentali di *indennizzare* il popolo ebraico per la persecuzione subita dal regime nazista. Nel tipico atteggiamento occidentale di ritenersi i padroni dell'intero globo terrestre, gli ebrei non furono indennizzati con territori tedeschi né con territori americani, bensì con la terra di un altro popolo.[98]

Ma se identificare i responsabili dell'origine della situazione attuale è facile e se nel 1948 si poteva ben separare la ragione dal torto (allora i terroristi erano ebrei[99]), oggi che quei protagonisti sono tutti morti, è impossibile farlo. Anche gli israeliani, essendo nati lì, hanno il diritto di sentire quella terra come propria né li si può perseguire per colpe commesse da altri.

Il dato di fatto è che la decisione del 1948 ha partorito un mostro difficile da tenere a bada.[100] A ciò si aggiunga la politica seguita da Israele negli ultimi decenni. Sono decine e decine le risoluzioni ONU disattese.[101] In qualche caso anche in maniera provocatoria, facendo esattamente il contrario di quanto gli si chiedeva.

78

Non si perde occasione per ribadire il diritto di Israele ad esistere, ma lo Stato di Israele esiste; quello che non esiste è lo Stato palestinese. All'indomani di ogni scoppio di violenza e di ogni strage, tutti ripetono all'unisono: la soluzione è quella dei due stati. E fin qui ci siamo. Il punto è capire come si possa arrivare a questa soluzione se uno dei due occupa quello che dovrebbe essere il territorio dell'altro, continua ad autorizzare insediamenti in quel territorio[102] e a violare la Quarta Convenzione di Ginevra, mentre il suo premier dichiara che «non ci sarà mai uno Stato palestinese».[103]

Il primo passo allora dovrebbe essere quello di obbligare Israele a osservare le risoluzioni dell'ONU. L'unico paese ad averne il potere sono gli USA, ma non solo non lo fanno e continuano anzi a difendere ogni suo arbitrio, si sono pure opposti – giusto per dare un'idea di quanto anche sotto la guida di un Nobel per la pace abbiano contribuito al processo di pace – all'ammissione dello Stato palestinese all'ONU nel 2011 ed hanno votato contro l'anno dopo anche contro la sola concessione dello status di osservatore permanente.[104] Cuba continua a essere sottoposta a embargo da decenni, e non si capisce bene quale sia la sua colpa, a parte quella di non genuflettersi agli americani;[105] Israele, invece, calpesta da sempre il diritto internazionale e i diritti umani senza essere mai andato incontro ad alcuna sanzione.

All'indomani del 7 ottobre, il segretario generale dell'ONU lo ha detto chiaramente: «gli attacchi di Hamas non sono avvenuti dal nulla». È una verità oggettiva, non una giustificazione né, tanto meno, una condivisione.[106] Il primo sponsor di Hamas, del resto, è stato lo stesso Netanyahu, per indebolire i rappresentanti più moderati dei palestinesi.[107] Un suo ministro l'aveva detto chiaramente: «Hamas è una risorsa e l'Autorità palestinese è un peso».[108] L'esistenza di una controparte che vuole la cancellazione di Israele, infatti, giustifica le politiche della destra, al contrario dell'Autorità palestinese, che invece riconosce il suo diritto a esistere. Eppure, la dichiarazione del segretario dell'ONU ha scatenato le ire del governo israeliano. E se ne capisce il motivo.

Cercare una spiegazione significa risalire alle responsabilità. Più comodo quindi fermarsi al 7 ottobre, come se quanto accaduto prima fosse ininfluente. Più comodo, tutt'al più, evocare lo spettro dell'antisemitismo. I giornali italiani, manco a dirlo, col tipico sensazionalismo da baraccone che li distingue, sono stati i primi a parlare di *pogrom*, come se tutto avesse avuto origine dall'atavico odio verso gli ebrei, e non da un'oppressione che si protrae da decenni.

Dopo aver combattuto nella Striscia, 140 riservisti hanno abbandonato l'esercito scrivendo una lettera per denunciare una guerra nella quale i soldati sono autorizzati a sparare contro chiunque secondo il principio che «nessun abitante di Gaza è innocente». Alcuni di loro hanno riferito del ricorso sistematico alla tortura, di prigionieri amputati delle mani a causa delle manette troppo strette, di medici che non somministrano antidolorifici, «della crudeltà allo stato puro».[109] Ma già alcuni anni fa, ben prima del 7 ottobre, in un'intervista rilasciata poco prima di morire, il boia di Eichmann, parlando degli anni passati in servizio nelle carceri israeliane, ricordava le urla e i lamenti dei prigionieri palestinesi torturati. «Come siamo diventati crudeli, anche noialtri...»[110] commentava.

Il 2 febbraio 2022 *Amnesty International* ha pubblicato il rapporto sull'apartheid israeliano contro i palestinesi, basato anche sulle ricerche di *Human Rights Watch* e delle organizzazioni israeliane per i diritti umani *Yesh Din* e *B'Tselem*.[111] Il documento illustra dettagliatamente la segregazione, la privazione dei diritti fondamentali, le deportazioni e le torture a cui sono sottoposti i palestinesi.

Questi sono i fatti, perlopiù testimoniati da israeliani, così come è israeliano uno dei due autori del documentario *No Other Land*, girato prima del 7 ottobre in Cisgiordania, dove gli abitanti, nonostante nessuno metta in discussione l'esistenza dello Stato di Israele, sono privati di ogni libertà e delle loro terre e sono in balia delle violenze e delle vessazioni dei coloni armati supportati dall'esercito. Proprio il 2022 è stato per loro "uno degli anni più mortali"[112] facendo registrare 151 morti.

Allora, solo chi non conosce la storia o chi è in malafede (nei casi più sfortunati le due cose possono pure coesistere) può spiegare la guerra in atto con gli attacchi del 7 ottobre, anziché contestualizzarla come l'ennesimo sanguinoso capitolo di un conflitto ormai quasi secolare. Se la prima opzione può valere per gran parte dell'opinione pubblica, che poco o nulla sa delle vicende pregresse, per politici e giornalisti che quell'episodio pongono come inizio della guerra, non rimane che la seconda. Che poi il solo fatto di chiamarla *guerra* è la prima distorsione di una narrazione tendenziosa. In una guerra vi sono due eserciti che si fronteggiano, mentre in questo caso l'esercito è solo uno, supertecnologico e superattrezzato. Una rappresaglia scatenata sull'intera popolazione, non guerra, è l'espressione più corretta. Lo dicono i numeri. Se il 70 per cento delle 1200 vittime del 7 ottobre erano civili, lo sono anche l'80 per cento delle 70000 persone uccise a Gaza dall'IDF.

La realtà è chiara e sotto gli occhi del mondo. Sono 247, secondo i dati forniti dall'ONU, i giornalisti uccisi a Gaza dall'ottobre del 2023 (in tutta la Seconda guerra mondiale furono 69 – giusto per avere un'idea delle probabilità per un giornalista di morire in guerra, se non è espressamente considerato un obiettivo da colpire). Il 90 per cento degli edifici è stato distrutto, inclusi gli ospedali, con 1300 vittime tra gli operatori sanitari. Il governo israeliano ha usato la fame e la sete come armi punitive, arrivando al punto di sottrarre dagli aiuti gli alimenti più ricchi di calorie, come biscotti e marmellata,[113] e gli abiti più caldi destinati bambini. Solo in poche altre circostanze abbiamo visto una strategia di annientamento pianificata con tanta calcolata disumanità.

Intanto, da noi si divaga discutendo se chiamarlo o non chiamarlo genocidio. Un dibattito utile solo a spostare in secondo piano i fatti. Ebbene, risolviamo la questione. Per non urtare la sensibilità di nessuno, non chiamiamolo genocidio. Chiamiamola pure guerra gentile, o passeggiata militare, nella sostanza cambia poco. Poniamoci invece la domanda più importante: dobbiamo intraprendere qualche azione concreta contro uno Stato che, nella sua guerra gentile o passeggiata militare, che dir si voglia, ha ucciso 20000 bambini e affamato un'intera popolazione, oppure continuiamo ad avere con esso relazioni commerciali, a cantare e a giocare insieme a calcio come se niente fosse?

Ecco, poniamoci questa domanda, perché mentre nello stesso Israele, il giorno dopo le stragi del 7 ottobre, si levano le critiche e le proteste contro la scellerata politica di Netanyahu, da noi prevale il conformistico coro in difesa di Israele, custode dei valori occidentali e unica democrazia del Medio Oriente, come se l'essere una democrazia fosse il nulla osta per commettere qualsiasi crimine. Ma continueremmo a definire democratico un paese europeo che dopo gli attentati di Parigi o di Londra, avesse demolito le abitazioni dei familiari degli attentatori?[114] O che tenesse qualcuno in carcere, senza accuse ufficiali e senza processo, per un tempo indefinito?[115]

Consideriamo se questa è una democrazia... dove un uomo deve rischiare la vita ogni giorno per andare al lavoro,[116] dove può essere picchiato e umiliato davanti ai suoi figli senza alcun motivo e senza che nessuno ne renda conto, dove muore perché si impedisce a un'ambulanza di soccorrerlo, dove si muore per un sì o per un no.

Per tornare dunque allo strano connubio sinistra radicale/islam, è naturale che la sinistra solidarizzi con gli oppressi, che oggi sono i palestinesi, ma un conto è solidarizzare con gli oppressi, ben altro è solidarizzare con l'islamismo, così come un conto è criticare la politica del governo israeliano, cosa che molti stessi israeliani sono i primi a fare,[117] ben altro è l'antisemitismo.

Impossibile invece, tanto per cambiare, capire dove si collochi il PD. Sembra oscillare da una parte all'altra, come se rimanendo fermo su una posizione avesse paura di fare da bersaglio. Si presenta come la più ferma sentinella contro ogni forma di islamofobia (utile solo ad alienarsi consensi), ma diventa improvvisamente balbuziente quando si parla della questione palestinese. Due frasi hanno mandato a memoria i suoi rappresentanti e due frasi ogni volta pronunciano incerti ed esitanti, come se camminassero sui carboni ardenti: «non si discute il diritto a esistere di Israele» e «l'unica possibile soluzione del conflitto è quella dei due stati». Fine delle trasmissioni. Se c'è da dire una parola in più, ognuno dice una cosa diversa.

Il discorso sarebbe semplice, se si avesse l'onestà intellettuale di affrontarlo, «non basta che la Comunità internazionale dica che è inaccettabile quanto avviene e poi continuare a permettere che avvenga».[118] Il problema, purtroppo, non solo del PD – va detto – ma di tutta la politica italiana, è che l'onestà intellettuale presuppone il coraggio. E in quest'ambito, più che in tutti gli altri, una volta varcata la soglia di Palazzo Chigi, il coraggio si dissolve come per incanto. Così, il PD (ovviamente non in maniera compatta) oggi si pronuncia per il riconoscimento della Palestina come Stato, mentre quand'era al governo era contrario alla stessa richiesta proveniente dall'attuale premier allora all'opposizione, cha a sua volta oggi ritiene "prematuro" ciò che dieci anni fa chiedeva avvenisse "in tempi rapidi".[119]

La nostra politica estera si ferma storicamente agli *auspici*. "Che si applichi il diritto internazionale," "che le parti trovino un accordo," "che le cose vadano per il meglio…" Ne abbiamo un vasto campionario, ma sfortunatamente abbiamo solo quelli. Non possiamo fare di più. Non è nelle nostre corde, non ce la facciamo. Ce la possono fare la Colombia, la Spagna, il Sudafrica, l'Australia e pure l'Irlanda e la Slovenia, ma noi non ce la facciamo. I nostri governanti, infatti, sono sempre allineati col governo statunitense. Che a rappresentarlo ci sia Biden, Trump o Rubicante pazzo, non cambia nulla. Come nell'apologo del giudice manzoniano, diamo ragione al primo contendente e poi diamo ragione a quello che viene dopo, e se arriva un terzo a farci notare che non potevano aver ragione entrambi, gli risponderemo: hai ragione anche tu. Davanti alle ragioni dei deboli, invece, diventiamo raffinati azzeccagarbugli. Siamo capaci di aggirare con la massima *nonchalance* anche il senso del ridicolo. Possiamo arrivare pure a dire, se dei nostri connazionali vengono aggrediti in acque internazionali senza aver commesso alcun reato, portati via a forza, trattenuti come criminali e insultati e umiliati pubblicamente, che il diritto internazionale "vale fino a un certo punto".

<hr>

[96] Emanuele Severino, *Il tramonto della politica*.
[97] https://blog.uaar.it/2021/02/26/quelle-relazioni-pericolose-tra-sinistra-islam/
[98] La giustificazione della "terra promessa" non può costituire un argomento minimamente ragionevole. Nessun governo americano assegnerebbe ai discendenti dei Sioux le città di Minneapolis o Kansas City perché lì tre secoli addietro (non duemila anni fa) vivevano i loro antenati.
[99] Menachem Begin, in seguito capo del governo e premio Nobel per la pace, fu a capo di un gruppo terrorista che firmò numerosi attentati contro civili arabi.
https://www.libreriadelledonne.it/puntodivista/dallarete/la-lettera-di-albert-einstein-e-hannah-arendt-sulla-deriva-fascista-di-israele/ (Consultato l'ultima volta il 10/12/2025)
[100] https://www.ispionline.it/it/pubblicazione/escalation-israele-palestina-12-grafici-per-capire-come-siamo-arrivati-fin-qui-126406 (consultato l'ultima volta il 2/12/2023).
[101] https://www.lagone.it/2021/05/31/israele-lo-stato-dellillegalita-internazionale-tutte-le-risoluzioni-onu-violate/ (consultato l'ultima volta il 2/12/2023).
[102] Questo è il sito di un'organizzazione di veterani dell'esercito israeliano che testimonia la condotta dei soldati israeliani nei Territori occupati. https://www.breakingthesilence.org.il/
[103] https://www.ilpost.it/2025/09/22/netanyahu-israele-opposizione-stato-palestinese/ (consultato l'ultima volta il 12/12/2025).
[104] Risoluzione 67/19.
[105] Nel 2021 è stata addirittura inclusa tra i paesi sponsor del terrorismo. Dagli Stati Uniti, che il terrorismo a Cuba praticavano.
[106] L'ex premier israeliano Olmert è stato molto più esplicito. nel corso di un'intervista rilasciata alla CNN, ha affermato: «I nostri veri nemici non sono l'Iran, Hamas o Hezbollah, che pure sono nostri nemici, i nostri veri nemici sono dentro Israele, sono quei folli gruppi messianici e estremisti che vogliono cacciare tutti i palestinesi e annettersi i loro

territori, e sono proprio costoro che tengono in piedi il governo Netanyahu». Dopo quattro mesi di guerra, ha aggiunto Olmert, tutti gli obiettivi militari di Israele erano stati raggiunti. Se le operazioni sono proseguite è stato soltanto per puro spirito di vendetta e per infliggere agli abitanti di Gaza la maggior sofferenza possibile. Ma le violazioni dei diritti umanitari, conclude l'ex premier, costituiscono la negazione dei valori del nostro Stato.
https://transcripts.cnn.com/show/ampr/date/2024-10-29/segment/01 (consultato l'ultima volta il 15/12/2025)
[107] https://ilmanifesto.it/le-sanzioni-israeliane-sono-un-altro-chiodo-nella-bara-dellanp (consultato l'ultima volta il 2/12/2023).
[108] https://www.avvenire.it/attualita/la-cosa-peggiore-che-possa-accadere-ad-hamas-e-la-pace_70765 (consultato l'ultima volta il 15/12/2025).
[109] https://www.tdg.ch/gaza-des-soldats-israeliens-refusent-de-continuer-a-servir-907626221940
[110] https://www.corriere.it/esteri/24_novembre_27/morto-a-86-anni-shalom-nagar-il-boia-di-eichmann-e4f16011-0452-4b81-bb95-ae1bb66adxlk.shtml (consultato l'ultima volta il 14/12/2025)
[111] https://www.amnesty.it/apartheid-israeliano-contro-i-palestinesi/ (consultato l'ultima volta il 2/12/2023).
[112] https://www.amnesty.it/il-rapporto-2022-2023-sulla-situazione-dei-diritti-umani-nel-mondo/ (consultato l'ultima volta il 15/10/2025)
[113] https://www.fanpage.it/politica/israele-vieta-cibo-energetico-per-donne-e-bambini-a-gaza-la-conferma-nelle-mail-mostrate-in-senato/ Consultato l'ultima volta il 15/12/2025.
[114] https://www.ilpost.it/2016/01/18/demolizione-case-palestinesi/ (consultato l'ultima volta il 2/12/2023).
[115] https://www.osservatoriodiritti.it/2020/01/13/detenzione-amministrativa-israele-significato-definizione-cose/ (consultato l'ultima volta il 2/12/2023).
https://www.amnesty.it/israele-tortura-e-trattamenti-umilianti-inflitti-ai-detenuti-palestinesi/ (consultato l'ultima volta il 2/12/2023).
[116] https://www.corriere.it/esteri/25_ottobre_01/reportage-schiavi-invisibili-cisgiordania-a271b6ca-3e27-4009-a8e5-4dbe6aa23xlk.shtml Consultato l'ultima volta il 12/10/2025
[117] https://www.haaretz.com/israel-news/2023-10-15/ty-article/.premium/far-right-israelis-threaten-attack-journalist-who-

dedicated-a-prayer-to-gaza-victims/0000018b-3434-d450-a3af-7d3ccb9d0000 (consultato l'ultima volta il 2/12/2023).
[118] https://www.avvenire.it/chiesa/il-cardinale-parolin-disumano-il-7-ottobre-e-disumana-la-guerra-a-gaza_97878 (consultato l'ultima volta il 15/12/2025).
[119] https://www.ilfattoquotidiano.it/2025/07/29/per-meloni-riconoscere-la-palestina-e-controproducente-ma-nel-2015-lo-chiedeva-con-fratelli-ditalia/8078266/#:~:text=La%20mozione%20%C3%A8%20datata%2027,%2C%20quando%20non%20lo%20%C3%A8%E2%80%9D. (consultato l'ultima volta il 15/12/2025)

11. Fottere la Russia è la lunga e orgogliosa tradizione della politica estera americana

Avvicinandoci al giro di boa del quarto anno di guerra in Ucraina, pochi si avventurano in stime sul numero di vittime del conflitto, certamente nell'ordine delle centinaia di migliaia. Senza l'intervento dell'Occidente, probabilmente si sarebbe conclusa dopo poche settimane. È pure probabile che l'Ucraina sarebbe rientrata sotto l'influenza russa, ma senza il tributo di sangue e distruzione pagato fino ad ora. Si dirà che quelle persone sarebbero vive anche se non ci fosse stata l'invasione dei russi, ed è ovvio, ma è altrettanto ovvio che sarebbero vive anche dopo la loro invasione senza l'intervento dell'Occidente.

Siccome nessuna alleanza legava l'Ucraina ai paesi occidentali, viene da domandarsi cosa abbia spinto questi paesi a impegnarsi al suo fianco in maniera così massiccia e incondizionata.

È vero che non bisogna necessariamente essere le vittime di un'invasione per combattere. Ci si può anche schierare al fianco di un popolo oppresso pur non essendo suoi alleati. Anzi, da un punto di vista di sinistra, sarebbe pure doveroso. Valga per tutti l'esempio dei volontari che affluirono da ogni dove per difendere la Repubblica spagnola durante la guerra civile.

Nella fattispecie, gli argomenti a favore dell'intervento portati dall'UE, condivisi dai singoli Stati, dai partiti e, con pochissime eccezioni, dall'intera stampa europea, sono stati per l'appunto di questo tipo: la violazione del diritto internazionale e la difesa della democrazia ucraina e dei valori occidentali. Una causa giusta, insomma.

Tuttavia, alcune cose non tornano.

Innanzi tutto, di violazioni del diritto internazionale negli ultimi decenni ne abbiamo viste parecchie. A cominciare da Israele, che, come ricordato prima, ha bellamente ignorato decine e decine di risoluzioni ONU, e proseguendo con la Cina, che da oltre mezzo secolo occupa il Tibet, con la Turchia, che opprime e colpisce i curdi anche fuori dal suo territorio, con l'Arabia Saudita, che ha bombardato per anni lo Yemen, causando migliaia di vittime civili, ecc. Gli Stati Uniti non li menzioniamo nemmeno, visto che il diritto internazionale vale solo per gli altri.

Può dunque essere utile per il racconto destinato al grande pubblico dire che mandiamo armi all'Ucraina perché c'è un aggressore e c'è un aggredito, ma, sebbene non se ne parli nei telegiornali, ci sono circa altre cinquanta guerre in atto nel mondo,[120] con relativi aggressori ed aggrediti (e nel caso citato sopra, uno sterminatore e uno sterminato), e non si capisce il motivo per cui non le mandiamo pure agli altri aggrediti, e anzi a volte le mandiamo agli aggressori.

Non regge nemmeno la tesi che l'impegno in Ucraina sia a difesa della democrazia, che infinite volte abbiamo letto in questi mesi a titoli cubitali sui giornali. Non serve infatti un Pulitzer per scoprire che l'Ucraina era più democratica con la leadership filorussa prima del 2014 rispetto a quella filoeuropea arrivata dopo,[121] tanto da non essere considerata una democrazia ma un regime ibrido. Né c'è da difendere un modello di società vicino al nostro. La società ucraina ha più somiglianze con quella russa che con quella europea, come si poteva pure dedurre anche dal report della Corte dei Conti europea del 2021.[122]

Insomma, gli ideali possiamo scartarli. Del resto, dispiace dirlo, gli unici ideali coltivati dall'UE hanno un controvalore in moneta sonante. Allora – per essere chiari – nello schierarsi a fianco dell'Ucraina non c'entrano niente la difesa della democrazia, i valori occidentali, la giustizia, la solidarietà, la difesa dei più deboli e via dicendo. Ahimè, non si è mai visto nessuno spendere 140 miliardi di dollari (solo nel primo anno di guerra)[123] per queste belle cose. Senza contare che ci sarebbe un'altra guerra, silenziosa ma ben più sanguinosa, mietendo circa diecimila vittime al giorno,[124] tutti civili e bambini, che con quella somma sarebbe quasi vinta, ma che è ben lungi dall'essere combattuta con la stessa determinazione.[125]

A spingere l'UE a intervenire in maniera così massiccia,

investendo risorse che avrebbero potuto essere destinate a ben più nobili scopi e contribuendo ad accrescere morti e distruzione, sono stati soltanto ed esclusivamente interessi economici e geopolitici.

La domanda, a questo punto, è: chi aveva tali interessi?

In Europa, a parte le grandi aziende energetiche e dell'industria militare, che hanno fatto registrare guadagni non indifferenti, a pagarne il conto, a dispetto delle previsioni del nostro combattivo premier dell'epoca, sono stati i ceti meno abbienti[126] e a reddito fisso,[127] e non solo per aver dovuto rinunciare al condizionatore. Quanto all'andamento generale dell'economia, essa ha subito un rallentamento nei paesi europei, mentre è cresciuta in maniera significativa negli Stati Uniti.[128]

Quest'ultimo dato ci permette già di farci un'idea. L'*Eisenhower Media Network*, un'associazione americana di ex funzionari della Difesa, ex agenti dell'intelligence ed ex alti ufficiali dell'esercito, riporta una dettagliata cronologia degli eventi[129] che hanno portato allo scoppio della guerra. Dall'impegno degli Stati Uniti a non espandersi verso Est[130] alla lettera indirizzata al presidente Clinton, firmata da 50 personalità americane (McNamara, Susan Eisenhower, Paul Nitze, Edward Luttwak, ecc.), con la quale si definiva l'allargamento della NATO «un errore di proporzioni storiche»[131] e si chiedeva di sospenderlo a favore di un programma di pace e di collaborazione con la Russia.

Senonché, più della politica, poterono gli affari. Come riporta lo stesso EMN, nella pagina citata prima, tra il 1996 e il 1998, la lobby degli armamenti spese 51 milioni di dollari (equivalenti a 94 attuali) per favorire l'ingresso nella NATO dei paesi dell'Est ingigantendo la minaccia russa.

Così, fomentando il nazionalismo e cavalcando i sentimenti antirussi di quei paesi, la NATO è arrivata ai confini con la Russia. Non era una minaccia o una provocazione che giustificasse la guerra scatenata da quest'ultima, dicono in molti, ma neppure una profferta di amicizia. Allorché è stata ventilata la possibilità che la Cina istallasse delle basi militari nelle Isole Salomone, che sono a duemila chilometri dall'Australia e a undicimila dagli Stati Uniti, questi ultimi hanno parlato di minaccia per la loro sicurezza e non hanno escluso l'opzione militare per impedirla.[132]

Intanto, quei 51 milioni non sono stati soldi buttati. L'investimento, al contrario, si è rivelato quanto mai redditizio. «Nuove alleanze significano nuovi clienti».[133] 125 miliardi di dollari è quanto hanno speso in 15 anni i sei ex paesi dell'Est entrati nella NATO. Non solo un *errore*, dunque, ma anche un guadagno di proporzioni storiche.[134] Per inciso, a proposito delle già ricordate porte girevoli, il presidente del Comitato per l'espansione della NATO, Bruce L. Jackson, era anche direttore strategico della Lockheed, la più grande azienda produttrice di armamenti.[135] La sua linea in sintesi: «Fottere la Russia è la lunga e orgogliosa tradizione della politica estera americana».[136]

Il copione si è sostanzialmente ripetuto con l'Ucraina. L'originalità non è il tratto distintivo degli americani. Dopo le prime collaborazioni con la NATO, durante la presidenza di Clinton, l'amministrazione Obama si adoperò per il passaggio dell'Ucraina nella sfera d'influenza occidentale. Nel 2014, a Kiev, il senatore McCain sostenne apertamente i dimostranti di Maidan e auspicò pubblicamente la rimozione del presidente democraticamente eletto.[137] Alla vigilia dell'invasione russa, il CSIS (*Center for Strategic and International Studies*), un influente *think tank* creato dalle tre principali aziende americane produttrici di armamenti, sollecitava il governo americano a un atteggiamento più aggressivo,[138] mentre un anno dopo, l'intensificarsi del conflitto veniva presentato dalle stesse aziende agli investitori come un'ottima possibilità di profitto.[139]

Di tutti questi antefatti non è arrivata eco sulla stampa e sui notiziari nostrani, sui quali abbiamo assistito al mero rilancio della propaganda filo-ucraina, spesso ben oltre i limiti del grottesco. Abbiamo letto e ascoltato notizie secondo cui la furia distruttiva dei russi arrivava al punto di bombardarsi da soli e far saltare le infrastrutture nei territori già occupati da loro. Per il resto, una sola e circostanziata analisi: c'è un aggressore e c'è un aggredito. Amen.

Da una parte, i massimi rappresentanti delle istituzioni nazionali ed europee hanno riversato ironia e sarcasmo sulla disorganizzazione e la mancanza di equipaggiamenti dell'esercito russo, tali da farlo apparire più sgangherato delle Sturmtruppen; dall'altra, gli stessi rappresentanti lo rappresentano come una minaccia incombente per l'Europa intera, tanto da obbligarci a spendere 800 miliardi di euro con la massima urgenza. Ma questi russi, viene da chiedersi, di quanti milioni di pale dispongono esattamente?

Da una parte, i personaggi di cui sopra ripetono da quattro anni che l'economia russa si trova praticamente sul lastrico e il rublo finirà presto per essere quotato a parte nelle toilette; dall'altra, insistono nel sostenere che i russi continuano a spendere e spandere per alterare le elezioni americane, francesi, italiane, tedesche e di qualche altra decina di paesi, coi costi che le campagne elettorali hanno raggiunto, e che non contenti pagano pure giornalisti e blogger, compresi quelli che a leggerli sono solo parenti e amici, e, ancora, che sborsano per condurre una guerra ibrida ovunque (laddove per guerra ibrida si deve intendere un'ampia gamma di attività che va dalla violazione dei siti governativi all'incendio doloso, dal sabotaggio delle vie di comunicazione ai droni sugli aeroporti europei, misteriosamente apparsi prima del voto del parlamento europeo sul piano di riarmo e misteriosamente scomparsi subito dopo). Ma questi russi a chi hanno affidato la gestione delle loro finanze? Ai vecchi amministratori della Parmalat?

Di solito, la logica che zoppica tradisce la propaganda. Ma, più che zoppicare, qui è completamente andata.

In questa sorta di ubriacatura bellicista collettiva, il PD si è prontamente e ottusamente collocato in prima linea, regalandoci, a distanza di un secolo dal re soldato, il segretario con l'elmetto.

Non era mai successo prima che il PD e i suoi predecessori assumessero le parti degli oppressi con la veemenza mostrata nel caso dell'Ucraina. Anzi, a dire il vero, negli ultimi tempi avevano frequentato di più gli oppressori. Era un capo di governo di sinistra quello che per timore di ripercussioni economiche non concesse asilo politico al capo del PKK, venendo peraltro meno a un principio sancito dalla Costituzione; era un governo del PD con un ministro della Difesa del PD quello che ha autorizzato le forniture di armi all'Arabia Saudita; ecc.

Si capisce quindi, date tali premesse, quanto la credibilità del PD che difende un popolo oppresso contro l'oppressore possa discostarsi dallo zero. Né l'arrivo della nuova segretaria ha segnato un cambio di passo. La maggioranza del partito, in questo come in tanti altri ambiti, non sembra tenere in gran conto le sue indicazioni. Al voto sul piano di riarmo i parlamentari del PD si sono divisi tra favorevoli e astenuti. Il problema, per qualcuno, era semmai costituito della parola "riarmo", non dell'esorbitante cifra destinata a spese militari. Ma *Prontezza 2030* li ha convinti.

Hanno addirittura accusato la destra di avere un atteggiamento troppo morbido, reclamando la "pace giusta per l'Ucraina", cioè, la continuazione della guerra, visto che una pace giusta per l'Ucraina non lo è dal punto di vista della Russia, che appunto per ciò continua a combattere. Senonché, così come *Prontezza 2030* suona più inclusivo rispetto a *Rearm Europe*, allo stesso modo "vogliamo una pace giusta per l'Ucraina" risulta quasi gandhiano rispetto a "vogliamo che l'Ucraina continui a combattere". Il *diktat* imposto a Gaza, invece, va bene; nessuno dei cosiddetti "amici di Israele" si è posto il problema di quanto sia una pace giusta quella nella quale tutti hanno voce in capitolo tranne i diretti interessati. Anzi, di quanto ci sia di giusto in tutto ciò che laggiù è accaduto e continua ad accadere dopo la *pace*. Nessun commento sulle oltre 300 vittime successive alla tregua del 10 ottobre;[140] nessun commento sull'attacco contro l'università di Ramallah;[141] nessun commento sulla demolizione della sede dell'Unrwa a Gerusalemme Est.[142] E nessuna traccia di tutto ciò, ovviamente, nemmeno sulle prime pagine dei grandi giornali nazionali.

Non sarà forse inopportuno rispolverare quelle che un tempo furono le idee di sinistra in merito alla guerra, che oggi appariranno, per così dire, un po' *naif*. Jaurès, per esempio, nella Seconda Internazionale affermava che la guerra la decidono i ricchi e la pagano i poveri. Stesso concetto che Brecht esprimeva in una sua poesia: «la disfatta la paga il proletario, la vittoria la paga il proletario».[143] Di sinistra, a futura memoria, sono le parole che Andrea Costa pronunciò a proposito delle guerre coloniali in Africa: «né un uomo né un soldo».

Così è da sempre e così continua a essere. La guerra la fanno i poveri per gli interessi dei ricchi e le ambizioni dei potenti. Ma se a muovere gli uni è l'interesse e gli altri l'ambizione, che cosa spinge i poveri a uccidere e farsi uccidere?

La risposta è sempre la stessa: una droga potente, nonché la più idonea a far breccia nei cuori semplici e «più facilmente adoperabile a scopi reazionari: il sentimento patriottico»[144] (ma oggi va forte pure, a seconda dei casi, la difesa o l'esportazione della democrazia).

Sapientemente somministrata dai centri di potere e dall'informazione, eccita l'entusiasmo del povero, che in tal modo potrà andare a morire contento, anzi avrà pure fretta, e si metterà in fila per arruolarsi volontario, e se si farà ammazzare a regola d'arte, verrà pure premiato *post-mortem* con una medaglia al valore, che rimarrà al figlio come la cosa più preziosa di cui andare più fiero per tutta la scalcagnata vita ereditata.

Qualcosa di molto simile a ciò che in tempo di pace ritroviamo nel tifo calcistico. In effetti, le due industrie, quella della guerra e quella del calcio, funzionano un po' allo stesso modo. Per gli addetti ai lavori è un'attività redditizia; per i tifosi è motivo di scontro. Non a caso, curve calcistiche e frange estremistiche e nazionaliste formano spesso un tutt'uno. Non a caso, sui *social* tifiamo per l'Ucraina o per la Russia, per Israele o per la Palestina. Prima ancora di capire, evitando di capire. Solo che le partite di calcio non uccidono bambini.

---

[120] https://www.italiachecambia.org/2022/04/guerre-nel-mondo/#:~:text=Le%20guerre%20nel%20mondo%20in,conflitto%20

%C3%A8%20la%20tragica%20normalit%C3%A0. (consultato l'ultima volta il 23-7-2023).

[121] https://en.wikipedia.org/wiki/The_Economist_Democracy_Index (consultato l'ultima volta il 23-10-2023).

[122] https://op.europa.eu/webpub/eca/special-reports/ukraine-23-2021/it/index.html (consultato l'ultima volta il 23-10-2023).

[123] https://www.ifw-kiel.de/fileadmin/Dateiverwaltung/IfW-Publications/fis-import/87bb7b0f-ed26-4240-8979-5e6601aea9e8-KWP_2218_Trebesch_et_al_Ukraine_Support_Tracker.pdf (consultato l'ultima volta il 23-10-2023).

[124] https://www.savethechildren.it/press/malnutrizione-le-organizzazioni-umanitarie-stimano-che-muoia-circa-una-persona-ogni-4-secondi (consultato l'ultima volta il 23-10-2023).

[125] https://www.fao.org/news/story/it/item/1159058/icode/#:~:text=Stime%20FAO%20indicano%20che%20saranno,globale%20previsto%20per%20il%20periodo. (consultato l'ultima volta il 23-10-2023).

[126] Secondo *The Economist* l'aumento dei costi energetici, anche in inverno mite come quello del 2022-2023 avrebbe causato almeno 32.000 morti in eccesso in Europa. https://www.economiaepolitica.it/industria-e-mercati/i-costi-e-le-prospettive-della-guerra-di-logoramento-in-ucraina/ (consultato l'ultima volta il 23-10-2023).

[127] https://www.ilpost.it/2023/02/25/un-anno-guerra-economia/ (consultato l'ultima volta il 23-10-2023).

[128] https://www.ilfattoquotidiano.it/2023/09/19/gli-effetti-della-guerra-economica-alla-russia-stanno-creando-una-crisi-piu-europea-che-globale/7291676/ (consultato l'ultima volta il 2/12/2023).

[129] "The U.S. Should Be a Force for Peace in the World". https://eisenhowermedianetwork.org/russia-ukraine-war-peace/ (consultato l'ultima volta il 23-10-2023).

[130] https://nsarchive.gwu.edu/document/16116-document-05-memorandum-conversation-between (consultato l'ultima volta il 23-10-2023).

[131] https://www.armscontrol.org/act/1997-06/arms-control-today/opposition-nato-expansion (consultato l'ultima volta il 23-10-2023).

[132] https://www.repubblica.it/esteri/2022/04/26/news/isole_salomone_cina_usa-346950065/ (Consultato l'ultima volta il 10/12/2025)

[133] https://truthout.org/articles/arms-industry-sees-ukraine-conflict-as-an-opportunity-not-a-crisis/ (consultato l'ultima volta il 23-10-2023).

[134] https://www.msn.com/en-ph/news/opinion/how-the-us-defense-industrys-greed-led-to-the-ukraine-war/ar-AA1cNHEA?li=BBr8Mkn (consultato l'ultima volta il 23-10-2023).

[135] https://www.nytimes.com/1997/06/29/world/arms-makers-see-bonanza-in-selling-nato-expansion.html (consultato l'ultima volta il 23-10-2023).

[136] Riportato in *The Spoils of War: Power, Profit and the American War Machine* di Andrew Cockburn.

[137] https://www.theguardian.com/world/2013/dec/15/john-mccain-ukraine-protests-support-just-cause (consultato l'ultima volta il 23-10-2023).

[138] https://www.csis.org/analysis/russias-possible-invasion-ukraine (consultato l'ultima volta il 23-10-2023).

[139] https://inthesetimes.com/article/ukraine-russia-raytheon-lockheed-martin-general-dynamics-weapons-industry (consultato l'ultima volta il 23-10-2023).

[140] https://italiano.prensa-latina.cu/2025/12/08/dopo-il-cessate-il-fuoco-israele-ha-ucciso-367-palestinesi-a-gaza/ (consultato l'ultima volta il 10/12/2025)

[141] https://www.fanpage.it/esteri/lesercito-israeliano-spara-contro-gli-studenti-alluniversita-di-birzeit-rischiamo-la-vita-per-studiare/ (consultato l'ultima volta il 10/01/2026)

[142] https://www.internazionale.it/ultime-notizie/2026/01/20/israele-demolisce-sede-unrwa-gerusalemme-est (consultato l'ultima volta il 20/01/2026)

[143] B. Brecht, *Canzone contro la guerra*.

[144] https://www.istitutospinelli.it/il-manifesto-di-ventotene-in-tutte-le-lingue-dellue/ (consultato l'ultima volta il 23-10-2023).

12. Il più atlantista del reame

Nel discorso di fine mandato del 1961, il presidente americano Dwight Eisenhower mise in guardia il paese dal peso che l'industria militare era andata acquistando e dalla possibilità che essa avrebbe potuto a lungo andare condizionare la politica estera americana: "Nelle decisioni governative dobbiamo guardarci dall'influenza ingiustificata, sia palese che occulta, esercitata dal complesso militare-industriale. Il rischio di un disastroso aumento di un potere esterno esiste ed esisterà in futuro".[145] Un avvertimento destinato a rivelarsi quanto mai profetico. Quel rischio si è avverato. Siamo arrivati a quello che, con neologismo assai eloquente, viene chiamato *warfare state*.[146] Come accade per il settore finanziario, anche per quel che riguarda la Difesa, le lobby degli armamenti sono tanto attive da riuscire spesso a mettere i propri uomini ai vertici decisionali dello Stato.[147]

La NATO nasce nell'immediato dopoguerra, nel clima di crescente tensione tra i paesi occidentali e l'ex alleato sovietico. Doveva svolgere una funzione deterrente contro quella che con la nascita del Cominform veniva percepita come volontà espansionistica dell'Unione Sovietica. È quindi figlia di un'altra epoca, di un mondo diviso da una barriera ideologica. Con la fine della guerra fredda, dunque, la sua ragion d'essere veniva meno. Sciogliere la NATO, tuttavia, non solo avrebbe messo a rischio la supremazia mondiale degli Stati Uniti, ma avrebbe nuociuto non poco alla loro economia, dal momento che l'impegno bellico e l'industria degli armamenti ne erano ormai diventati uno dei suoi assi portanti.

Pertanto, non solo la NATO ha continuato ad esistere, ma, come abbiamo visto prima, le lobby degli armamenti si sono adoperate con successo per estenderla. Se dopo la fine della guerra fredda le basi militari all'estero sono diminuite, oggi sono circa 750, il numero dei paesi in cui sono dislocate è raddoppiato, oggi sono un'ottantina,[148] e nuovi affari, sono attesi dal recente ingresso nell'Alleanza di Svezia e Finlandia.[149]

Senonché, per esistere, un'organizzazione militare ha bisogno di un nemico, altrimenti la guerra con chi la fai? E se non fai guerre, delle armi che produci che te ne fai? Non solo la NATO non può quindi lavorare per la pace, ma, al contrario, deve adoperarsi per alimentare tensioni e aprire nuovi fronti di guerra.

Geniale, in questo senso, è stata la trovata della "guerra al terrore", grazie alla quale per un ventennio non è stato nemmeno necessario che il nemico fosse geograficamente localizzabile, legittimando così gli Stati Uniti a combattere praticamente ovunque. Nel 2011 il presidente Obama – premio Nobel per la pace, ma che avrebbe potuto tranquillamente competere, se ci fosse stato, anche per il premio Nobel per la guerra – ha bombardato la Libia per rovesciare il regime di Gheddafi e poi anche la Siria, oltre ovviamente a Afghanistan e Iraq, ricevuti in eredità, e, en passant, qualche bombardamento veloce in Somalia, Yemen e Pakistan (senza mai chiedere l'autorizzazione del Congresso);[150] il suo predecessore, premio Nobel mancato, ne ha fatte due come si deve, più bombardamenti sparsi nei paesi sopra menzionati con l'aggiunta delle Filippine.

Questo per limitarci agli ultimi due decenni. Il "complesso militare-industriale" sarà stato ben soddisfatto degli introiti che gliene sono derivati. Meno motivi di soddisfazione, sebbene vi abbia *diligentemente* preso parte, ha avuto il nostro paese, che a fronte di una molto più modesta partecipazione agli utili, di quelle guerre si è dovuto sobbarcare il conseguente flusso migratorio.

Quanto ai metodi e alle modalità con cui queste guerre vengono condotte, sono state documentate da Julian Assange, che ha testimoniato in prima persona quanto vale la libertà di informazione nelle democrazie occidentali. Vale anni di persecuzione.[151]

Un'accurata ricerca dell'Istituto di Studi Internazionali della *Brown University* di Providence offre invece una raccolta analitica di quali siano stati i risvolti economici delle guerre di questi ultimi due decenni.[152] La guerra in Afghanistan è costata 14000 miliardi di dollari, tra un quarto e un terzo dei quali finiti ai fornitori militari. Solo nel 2020 la *Lockheed Martin* ha ricevuto 75 miliardi, «una volta e mezzo l'intero budget del Dipartimento di Stato e dell'Agenzia per lo sviluppo internazionale per quell'anno, che ammontava a 44 miliardi di dollari».[153] Senza contare le interminabili distruzioni e gli incalcolabili costi umani, le centinaia di migliaia di vittime, i milioni di profughi, i traumi e i suicidi dei soldati e della gente comune, ecc., illustrati dello stesso Istituto. All'Italia, *en passant*, Iraq e Afghanistan sono costati, secondo lo stesso studio, 15 miliardi di dollari, oltre agli 81 soldati morti.

La NATO in realtà, per dirla con le parole dell'ambasciatore Sergio Romano,[154] è «un'alleanza sui generis». È un'*alleanza* per modo di dire, di fatto comandano gli USA. Infatti, abbiamo basi americane in Italia, ma non basi italiane in USA.[155] Abbiamo sentito infinite volte leader italiani testimoniare la fedeltà dell'Italia alla NATO, ma non abbiamo mai sentito un presidente americano testimoniare la fedeltà degli USA alla NATO.

A questo discorso su quella che è la reale natura dell'Alleanza, cioè una diretta emanazione del "complesso militare-industriale" americano, che già basterebbe da solo a rendere la sinistra del tutto incompatibile con l'atlantismo, se ne aggiunge un altro che attiene agli interessi nazionali (o europei, se li si vuole considerare in una prospettiva più ampia), e quindi, almeno in teoria, pienamente condivisibile anche dal punto di vista della destra.

Se nel clima della guerra fredda l'appartenenza alla NATO rifletteva gli interessi comuni dell'Occidente in opposizione a quelli del blocco sovietico, con la fine di quest'ultimo la situazione è cambiata. Nella nuova realtà venutasi a creare agli inizi di questo millennio, gli interessi nazionali (ed europei) tendono e tenderanno sempre più a differenziarsi e spesso a essere antitetici con quelli americani. Ne abbiamo avuto plastica dimostrazione coi diversi contenziosi commerciali sorti durante la prima amministrazione Trump, ma si erano già intraviste le avvisaglie durante l'amministrazione Obama. Proprio in Ucraina, per esempio, quando quella che sarebbe poi diventata sottosegretario di Stato manifestò chiaramente il sentimento verso l'Unione Europea e i suoi interessi col il noto «Fuck the EU».[156] Quindi, l'opposizione di Biden contro il *Nord Stream 2*, diventata minaccia esplicita alla vigilia dell'invasione russa, sebbene il gasdotto fosse sotto giurisdizione tedesca. Infine, i dazi imposti da Trump nel 2025 hanno chiuso il cerchio.

Alla luce di tutto ciò, non bisognerebbe nemmeno essere di sinistra per essere antiatlantista, basterebbe avere a cuore gli interessi nazionali (ed europei). Eppure, i leader europei hanno ceduto nelle trattative sui dazi, se trattative vogliamo chiamarle, e uguale accondiscendenza hanno mostrato di fronte alla richiesta di portare al 5 per cento del pil la spesa destinata alla difesa.

Da dove viene allora questo totale asservimento nei confronti della politica estera americana?

Quello dei leader italiani potremmo anche capirlo. Gli americani fanno paura e hanno molte frecce al loro arco. Il ricordo di Moro, Mattei e, se vogliamo essere un pochino complottisti, anche di Craxi è ancora vivo.[157]

Quello dei leader europei, invece, appare più difficile da spiegare, conoscendo le idee di *grandeur* francesi e la spiccata sensibilità per i propri interessi dei tedeschi. Può darsi che in futuro emergeranno elementi a noi ignoti che ci aiuteranno a capirne meglio i motivi. Allo stato attuale, possiamo limitarci a sottolineare che nella guerra in Ucraina hanno compiuto un capolavoro destinato a rimanere negli annali. Un capolavoro di insipienza e inettitudine politica. Si sono fatti trascinare in un conflitto nel quale avevano tutto da perdere e nulla da guadagnare, per rimanere alla fine beffati su tutti i fronti.

Biden ha rotto ogni prospettiva di relazioni tra Europa e Russia, imponendo il gas americano[158] e rimpinguando le aziende militari americane; Trump ha completato l'opera prendendosi le risorse ucraine, facendosi pagare dagli europei le armi americane da destinare all'Ucraina e accreditandosi addirittura, dopo che la guerra il suo paese ha favorito, come interlocutore privilegiato di Putin una volta chiuse le ostilità. Si direbbe che i due presidenti americani si siano divisi i compiti in una sorta di tacita intesa, facendo il gioco del poliziotto buono e del poliziotto cattivo, sebbene invertendo il consueto ordine di apparizione. Così, la dottrina Jackson riportata nel capitolo precedente, «Fottere la Russia è l'orgogliosa tradizione della politica estera americana», si è di fatto arricchita col corollario «e, all'occasione, anche l'Europa».

Il PD, da parte sua, sembra aver ingaggiato una particolare sfida per accreditarsi come capofila dei paladini della guerra, come il più atlantista del reame.[159] Non esattamente ciò che ci si aspetterebbe da un partito di sinistra, ma non una novità. Molti dei suoi esponenti hanno raggiunto i vertici della Difesa,[160] mostrandosi perfettamente a loro agio nel mondo della produzione e del commercio delle armi.

Non c'erano armi chimiche in Iraq, non c'era Osama Bin Laden in Afghanistan e non è stata una buona idea combattere in Libia e in Siria, eppure nel PD ci si guarda bene dal sollevare la minima critica sull'operato della NATO. Non una parola è stata pronunciata contro il suo ulteriore allargamento, non un solo dubbio sulla strategia messa in atto in Ucraina.

I suoi rappresentanti nei *talk-show* non si possono sentire. Incapaci di manifestare un pensiero autonomo, di fare un'analisi geopolitica o di articolare un ragionamento che si discosti dalle banalità e dai luoghi comuni. Niente che sia andato oltre il semplice «c'è un invaso e c'è un invasore». Siamo arrivati a sentire qualcuno fare un parallelo tra una provocazione politico-militare della NATO che non giustifica la reazione di Putin e la minigonna che non giustifica lo stupro. Questo è il livello. Si rimane disarmati e senza parole. Sembra che ormai per diventare dirigente del PD non sia più richiesta non solo una particolare sensibilità e una particolare cultura, ma nemmeno un barlume di intelligenza.

Senonché, a mettere in crisi questa *love story* atlantista è arrivato il secondo mandato di Trump. "Uno sconvolgimento degli equilibri esistenti e la fine dell'ordine geopolitico come lo conoscevamo," hanno buttato lì alcuni opinionisti. In realtà, non ha fatto nulla di nuovo rispetto ai suoi predecessori, ha solo mostrato apertamente nella sua forma più rozza ed elementare, in linea col suo stile di bullo prestato alla politica che viola il diritto e le regole della democrazia anche respirando, quella che è sempre stata la linea americana.

Non sono in pochi coloro che oggi lo applaudono per aver defenestrato Maduro e lo incitano a fare lo stesso con gli ayatollah. Può darsi pure che tali azioni rendano un servigio ai rispettivi popoli (sebbene il dubbio sia lecito, poiché in questi casi, di solito, a un padrone se ne sostituisce un altro, che si limita tutt'al più ad allungare un po' la corda), ma condannarlo poi se minaccia di occupare la Groenlandia, nonostante in entrambi i casi stia violando la sovranità di un altro Stato, significa giudicarlo non per l'azione, che è la stessa, ma per il suo destinatario, la qual cosa rappresenta la negazione del fondamento di ogni civiltà giuridica. Infatti, dietro la cultura del giustiziere, che agisce ponendosi fuori dalla legge, si cela quella del prepotente, mosso solo dal proprio tornaconto.

Quando non sono riusciti a raggiungere i loro obiettivi con le buone, gli americani hanno sempre operato in questa seconda modalità, seppur camuffandola con la prima. Gli iracheni, che hanno importato un carico di democrazia pagandolo qualche milione di morti, si ritrovano a vivere sotto un governo autoritario, stanno al 169° posto su 180 per libertà di stampa e in due milioni e mezzo necessitano di assistenza umanitaria,[161] ma gli Stati Uniti non hanno in programma di inviargliene un secondo carico, anche perché il loro petrolio gode adesso di tutti i diritti civili. Nella classifica della democrazia, l'Arabia Saudita[162] sta tra Venezuela e Iran,[163] ma non sembra che i suoi vertici siano a rischio immediato di rapimento o di raid da parte americana. Del resto, da quelle parti il petrolio si muove liberamente da tempi immemorabili.

La vera novità portata da Trump, allora, è ammettere apertamente questo *modus operandi*, dire «possiamo fare tutto ciò che vogliamo» senza scomodare la difesa della democrazia e dei diritti umani e senza flaconcini farlocchi da esibire al tavolo delle Nazioni Unite. A destabilizzare non sono le sue azioni, ma la scomparsa della coltre di ipocrisia che ricopriva quelle dei suoi predecessori. *Lo strappo nel cielo di carta*, per usare la celebre metafora pirandelliana, cioè quella *scenografia finta* nella quale stavano raffigurati i valori occidentali evocati a ogni nuovo bombardamento. Ora che lo *strappo* rende visibile la vera natura dell'impero, possiamo dire che per difendere i loro interessi gli Stati Uniti non si sono mai fatti alcuno scrupolo nel mettere al potere i peggiori individui, da Videla a Pinochet, che si sono poi macchiati col loro sostegno dei peggiori crimini, e di rimuovere i migliori, come nello stesso Iran, che forse avrebbe avuto una storia diversa se insieme al Regno Unito non avessero organizzato un colpo di stato per destituire il primo ministro (che era sì, laico e democratico, ma contrario alla libertà di movimento del petrolio) con la collaborazione del clero sciita[164] (che evidentemente all'epoca abbracciava ideali illuministici). Ecco, ora possiamo dire tutto ciò, magari ricordando pure alcuni episodi oscuri, che poi tanto oscuri non sono, occorsi in Italia negli anni Settanta del secolo scorso, senza incorrere nella consueta, usurata e noiosa accusa di antiamericanismo. *Hard times*, invece, per gli amici atlantisti. Dire "i nostri alleati", come si usava presentarli quando il *cielo di carta* era integro, suonava molto meglio rispetto a "quelli che comandano", quali – come oggi Trump ci ricorda – effettivamente sono.

---

[145]https://en.wikipedia.org/wiki/Military%E2%80%93industrial_comp lex (consultato l'ultima volta il 31-10-2023).
https://electomagazine.it/black-rock-con-rheinmetall-si-espande-dai-carrarmati-alle-navi-da-guerra-e-lex-dirigente-merz-spende-per-il-riarmo/ (consultato l'ultima volta il 15/01/2025).
[146] https://media.nationalpriorities.org/uploads/publications/npp-warfare-state-2023-report.pdf (consultato l'ultima volta il 31-10-2023).
[147] "Arms Industry Sees Ukraine Conflict as an Opportunity, Not a Crisis", di Jonathan Ng, 2/3/2022.

"In the United States, the industry employs around 700 lobbyists. Nearly three-fourths previously worked for the federal government — the highest percentage for any industry. The lobby spent $108 million in 2020 alone, and its ranks continue to swell. Over the past 30 years, about 530 congressional staffers on military-related committees left office for defense contractors. Industry veterans dominate the Biden administration, including Secretary of Defense Lloyd Austin from Raytheon." https://truthout.org/articles/arms-industry-sees-ukraine-conflict-as-an-opportunity-not-a-crisis/ (consultato l'ultima volta il 31-10-2023).

[148] https://original.antiwar.com/doug-bandow/2021/10/03/750-bases-in-80-countries-is-too-many-for-any-nation-time-for-the-us-to-bring-its-troops-home/ (consultato l'ultima volta il 31-10-2023).

[149] https://www.forbes.com/sites/jonmarkman/2022/05/23/expanded-nato-will-shoot-billions-to-us-defense-contractors/?sh=3f6eafde3189 (consultato l'ultima volta il 31-10-2023).

[150] https://www.ilpost.it/2017/02/12/le-guerre-di-obama/

[151] https://www.amnesty.it/appelli/annullare-le-accuse-contro-julian-assange/ (consultato l'ultima volta il 31-10-2023).

[152] "Costs of war" (Watson Institute). https://watson.brown.edu/costsofwar/ (consultato l'ultima volta il 31-10-2023).

[153] *Ibidem.*

[154] Che si è per ciò visto piovere addosso dagli spalti le invettive dei tifosi della squadra dello *Slava Ukraïni*. Ma il tifo funziona così. Nella squadra avversaria sono tutti brocchi, anche se vi gioca Ronaldo.

[155] Al momento della ratifica, Togliatti propose un emendamento per condizionare l'adesione alla NATO alla non concessione di basi militari nel territorio nazionale a qualsiasi governo straniero. «"Nessuno ci ha mai chiesto basi militari, e d'altra parte non è nello spirito dei patti di mutua assistenza fra Stati liberi e sovrani, come è il Patto Atlantico, di chiederne e concederne". È possibile che lo stesso De Gasperi lo pensasse davvero. Sta di fatto che l'emendamento che avrebbe vincolato l'adesione al Patto al preventivo rifiuto di accogliere basi militari sul nostro territorio non fu messo ai voti perché – sostenne De Gasperi – già metterlo ai voti avrebbe significato "insinuare che sia in noi una convinzione diversa"!» Luciano Canfora, *Sovranità limitata.*

[156] https://www.youtube.com/watch?v=bdygnTrrGVI (consultato l'ultima volta il 31-10-2023).

[157] E se vogliamo esserlo ancora un poco di più, potremmo aggiungere l'improvvisa scomparsa di Adriano Olivetti, seguita a breve distanza da quella di Mario Tchou (responsabile del Progetto Elea), e l'altrettanto rapida scomparsa del ramo elettronico della sua industria, traghettato oltreoceano attraverso il sollecito intervento del fedele amico dell'appena trapassato Kissinger.

[158] https://www.avvenire.it/opinioni/pagine/il-gas-americano-conquista-lue-svolta-politica-non-ambientale (consultato l'ultima volta il 31-10-2023).

[159] Per l'occasione, con una buona dose di malafede, è stato arruolato anche Berlinguer, del quale viene citata una frase di una sua intervista del 1976: «Mi sento più sicuro stando di qua [nella NATO]». Sola una frase, omettendo di ricordare il contesto storico. Dall'altra parte, infatti, vi era un sistema totalitario che aveva represso da poco la Primavera di Praga e mal digeriva le idee di Berlinguer, peraltro coinvolto qualche anno prima in un sospetto attentato durante una visita in Bulgaria. Ma soprattutto omettendo quello che nella stessa intervista dice prima, e cioè che un'uscita dell'Italia dal Patto Atlantico «sconvolgerebbe gli equilibri internazionali», e quello che dice subito dopo: «ma vedo che anche di qua ci sono seri tentativi per limitare la nostra autonomia». Meno di due anni dopo questi tentativi avrebbero avuto la loro più tragica manifestazione. Come si vede, dunque, nessun elogio della NATO. Solo la consapevolezza di trovarsi in un contesto nel quale le sue idee erano invise a Mosca come a Washington e da entrambe le parti aveva da temere. Poi, a ulteriore scanso di equivoci, in quegli stessi giorni dichiarava pure: «questo Patto Atlantico che viene presentato come scudo di libertà è un patto che ha tollerato per anni la Grecia fascista e il Portogallo fascista».
https://ilmanifesto.it/berlinguer-e-la-nato-un-equivoco-che-dura-ancora

[160] https://www.ilgiornale.it/news/politica/nella-filiera-delle-armi-tutte-poltrone-sono-pd-2022604.html#google_vignette (consultato l'ultima volta il 31-10-2023).

[161] https://www.fluechtlingshilfe.ch/fileadmin/user_upload/Publikatio nen/Factsheets/240916_IRK_Factsheet_IT_web.pdf (consultato l'ultima volta il 15/12/2025)

[162] Dove a manifestare non ci arrivano nemmeno, perché al primo post sgradito scompaiono per trent'anni, se non per sempre, senza poter

contare su alcun premio Nobel che dia loro voce né sulle attenzioni dei nostri giornali, e ancor meno su quella della nostra politica.

[163] https://d1qqtien6gys07.cloudfront.net/wp-content/uploads/2025/03/Democracy_INDEX_2024.pdf (consultato 'ultima
volta il 10/01/2026)

[164] Un'inchiesta del New York Times basata su documenti desecretati rivela, tra l'altro, come alcuni iraniani che lavoravano per la CIA, spacciandosi per comunisti, organizzarono azioni antireligiose e attentati contro personalità religiose, al fine di aizzare la comunità islamica contro il primo ministro.
https://archive.nytimes.com/www.nytimes.com/library/world/mideast/041600iran-cia-index.html (consultato l'ultima volta il 10/01/2026)

13. Un Partito Democratico *woke*

Negli ultimi anni, sulla scia del sol dell'avvenire americano, il Partito Democratico ha abbracciato in maniera sempre più convinta la causa del politicamente corretto, proprio mentre negli Stati Uniti comincia a levarsi qualche voce dissonante anche all'interno dell'area *liberal*. Del resto, succede sempre così. Le idee americane attecchiscono da noi con qualche decennio di ritardo. Un po' come al mercato dell'usato. Arrivano i capi di seconda mano quando lì vengono lanciate le nuove tendenze.

La cosiddetta ideologia *woke*, come risaputo, mira a combattere ogni forma di discriminazione. In particolare, quelle derivanti da orientamento sessuale e motivi razziali. Il campo è comunque assai vasto. La *sherlockholmesiana* ricerca anche dei più piccoli episodi di omotransfobia o di razzismo linguistico richiede gran dispendio di energie, ragion per cui ai *woke* non ne rimangono molte per le discriminazioni alle quali più di frequente capita di assistere, cioè quelle di carattere socioeconomico.

Alla vigilia del mondiale del Qatar, per esempio, si è dibattuto sull'opportunità che i calciatori indossassero un braccialetto arcobaleno, come forma di protesta contro le discriminazioni sessuali in atto nell'Emirato; l'ipotesi di un braccialetto nero per i circa 6500 lavoratori stranieri morti nella costruzione degli stadi dove si sarebbe giocato non sembra essere stata presa in considerazione.

Spesso l'ossessiva ricerca della discriminazione finisce pure col perdere di vista la realtà nel suo complesso, per cui l'epifenomeno impedisce di mettere a fuoco il fenomeno principale. Come nel caso del *Black Lives Matter*, che fiumi di retorica ha fatto scorrere nel mondo intero e anche oltre. Tre anni dopo il caso Floyd, ha avuto immediata eco in tutto il mondo l'uccisione di un altro afroamericano da parte della polizia. I giornali italiani hanno dato subito fuoco alle polveri. Come spesso succede, ancor prima di aver capito l'esatta dinamica dei fatti. Poco dopo, infatti, è venuto fuori che i cinque agenti che hanno massacrato l'uomo erano anch'essi afroamericani. Se almeno uno di loro fosse stato bianco, ci sarebbe stato certamente un revival del movimento. I giornali non avrebbero mollato l'osso, dando voce alle proteste e contribuendo in questo modo ad alimentarle. Sfortunatamente erano tutti e cinque afroamericani. Il caso, dunque, si è subito sgonfiato.[165] Pazienza se si è persa una buona occasione per affrontare problemi di ben maggiore impatto: la violenza diffusa tra le forze dell'ordine e nella società americana in generale, nonché la discriminazione verso gli strati più poveri della popolazione. Ma, evidentemente, nel mondo *woke* questi problemi non tirano.

Forse è improprio dire che i diritti civili siano diventati una moda, però non c'è dubbio che il tema sia di moda, come del resto dimostra la puntigliosa copertura che tv e giornali (notoriamente non insensibili alle mode) vi dedicano.

La discriminazione più grande, invece, quella causata dalla povertà, nonostante si verifichi migliaia di volte al giorno, tutti i giorni dell'anno e in tutte le città del mondo, viene praticamente ignorata. Forse proprio perché si ripete decine di migliaia di volte al giorno, il fenomeno non suscita particolare interesse. I giornali, si sa, coprono la notizia dell'uomo che morde il cane, non del cane che morde l'uomo. Anche se nella fattispecie i cani che mordono sono legioni. Il fatto è che la povertà e anche l'indigenza sono ormai entrate a far parte della nostra normalità. Non ci sorprendono. Non suscitano più scandalo e non richiamano attenzione. Raramente le file alla Caritas finiscono sotto i riflettori. Ancor più raramente vi finiscono i singoli che compongono quelle file.

Nemmeno le problematiche legate al mondo del lavoro appassionano particolarmente i *woke*. Nel 2022 ci sono stati in Italia oltre mille morti sul lavoro, spesso dovuti al non rispetto dei protocolli di sicurezza, spesso a sua volta dovuto alla smodata ricerca del profitto. Anche in questo caso i resoconti dei giornali non danno l'idea delle dimensioni del fenomeno. I morti finiscono per l'essere quasi disumanizzati nella fredda contabilità delle cifre.

Come per tutte le cose che accadono regolarmente, ci si fa l'abitudine. Solo in quegli episodi nei quali l'incidente sul lavoro assume i caratteri della strage, succede di vedere volti e vite delle vittime. In tutti gli altri casi rimangono numeri senza storia.

Non si vuole con tutto ciò insinuare che il dibattito o la lotta per i diritti civili siano un lusso. Al contrario, prerogativa e vanto di un paese democratico è proprio ampliare il ventaglio dei diritti dei cittadini al fine di garantire il diritto alla felicità di ognuno. Non a caso tale ventaglio va riducendosi man mano che si passa nei paesi illiberali, dove lo Stato si fa tutore della moralità, laica (Cina) o religiosa (paesi islamici) che sia.

Le questioni sono piuttosto altre.

In primo luogo, in una democrazia moderna i diritti civili non dovrebbero essere cavalli di battaglia di una parte politica, ma costituire piuttosto un patrimonio comune del tessuto sociale. Temi come eutanasia, unioni gay o aborto non sono divisivi in Germania o Regno Unito. Lo sono, invece, in quelle democrazie nelle quali la religione ha avuto storicamente e continua ad avere un forte peso politico: Stati Uniti e Italia, per esempio. Un partito di sinistra deve battersi per essi, è vero, ma ancor prima deve battersi affinché perdano ogni connotazione politica. Anche perché dal farne delle bandiere ha tutto da perdere e niente da guadagnare.

In secondo luogo, la tendenza a voler trasformare ogni desiderio in diritto porta a confondere i diritti che rendono la società più giusta con quelli che diritti non sono, e anzi contribuiscono a perpetuare le ingiustizie. Un conto è estendere alle coppie omosessuali il diritto all'adozione, riconoscendo loro il diritto di essere equiparate alle coppie eterosessuali, ben altro è riconoscere come diritto il desiderio di avere figli attraverso la maternità surrogata retribuita, che altro non è se non un rapporto di sfruttamento del più forte verso il più debole. Pratica peraltro curiosamente condivisa da molti sedicenti progressisti, forse abbacinati da quell'idea diffusa dal capitalismo selvaggio, secondo la quale del proprio corpo si può disporre come meglio si crede, che spesso è solo un modo per edulcorare ogni forma di sfruttamento con la patina della libertà, al fine di spacciare il bisogno per scelta.

Un conto, inoltre, è il rispetto delle minoranze, ben altro la loro dittatura. Un conto è riconoscere le peculiarità di una minoranza, prevedere per esempio che nei documenti di un bambino figlio di una coppia omosessuale compaiano le diciture *genitore 1* e *genitore 2*,[166] ben altro è trasformarlo in pensiero unico valido per tutti, e in nome di una falsa uguaglianza prevedere che nei documenti di un bambino figlio di una coppia eterosessuale non possano comparire le diciture *padre* e *madre*. Il problema non è che una singola tesi e/o rivendicazione possa essere giusta, ma il germe totalitario insito nel politicamente corretto, in nome del quale chi si discosta o si dissocia si ritrova a essere trascinato in una specie di autodafé *coram populo social*.

In ultimo, ed è quello che in questa sede ci interessa di più, il sospetto o la sensazione che la crescente sensibilità del PD verso i diritti civili non proceda di pari passo con un'analoga sensibilità verso le diseguaglianze sociali. Anzi, che succeda piuttosto il contrario.

È chiaro che un partito può adoperarsi contemporaneamente per i diritti del lavoro e per i diritti civili, come contemporaneamente si occupa di tanti altri aspetti della società. Il problema si pone quando per occuparsi dei secondi tralascia i primi, quando all'aumento dell'attivismo per la difesa dei diritti civili corrisponde un abbassamento, se non la scomparsa di ogni attivismo nella difesa degli oppressi e degli ultimi. Allora viene il sospetto, che è più di un sospetto, che si occupi tanto dei secondi perché non vuole o non può più occuparsi dei primi, e che pensi di assolvere al suo dovere morale di difendere gli oppressi e gli ultimi difendendo soltanto le vittime di discriminazioni sessuali, razziali o religiose.

Tutti gli elementi, alla fine, conducono al punto già evidenziato prima. Difendere gli oppressi e gli ultimi è oggi per la sinistra una sfida tanto ardua da affrontare, e ancora di più da vincere, da spingerla a ignorarla. Ripiegare, però, sulle battaglie di nicchia, pensando di recuperare da una parte la credibilità che si perde dall'altra, è una falsa soluzione. In realtà, si compie soltanto una metamorfosi, perdi l'identità di partito di sinistra per diventare "un grande Partito Radicale"[167] libertario e liberista.

Il discorso identitario che stiamo facendo per la sinistra vale per molti aspetti anche per la destra. Anche la destra, una volta arrivata al governo, deve mettere da parte i proclami e adattarsi alla dura realtà. Sarebbe esercizio non semplice individuare delle differenze tra il governo Draghi e il governo Meloni, abbigliamento a parte. Dalle accise all'ammirazione per Putin, ha cambiato idea su tutto.

Ancora una volta però la buona sorte è dalla sua. La dura realtà, cioè le politiche economiche alle quali i nostri governi sono obbligati a conformarsi, come abbiamo visto, è più vicina alla destra che alla sinistra. Ragion per cui, pur adattandosi alle richieste dell'UE e allineandosi alle posizioni della NATO, non ci rimette la faccia quanto ce l'ha rimessa la sinistra.

Nello stesso tempo, spostando il terreno dello scontro sui diritti civili, la metamorfosi del PD offre alla destra un ottimo *assist*. Anche in questo campo non c'è partita, la sinistra parte battuta.

Le preoccupazioni principali dei ceti popolari, infatti, riguardano le condizioni economiche acuite dal degrado sociale che spesso vi fa da sfondo. I matrimoni omosessuali non sono il primo pensiero di chi non riesce a racimolare i soldi per vivere e si sente ulteriormente minacciato dai fenomeni migratori. Anzi, è diffusa, e non del tutto campata in aria, l'idea che chi rivendica quei diritti appartenga comunque a minoranze più agiate. La destra ha così gioco facile nel catturare i consensi tra le fasce più svantaggiate della popolazione. Pur facendo le stesse identiche cose fatte dai governi precedenti, può sventolare le sue bandierine di difesa della famiglia e dei valori tradizionali e di denuncia del degrado provocato dai fenomeni migratori.

L'adesione all'ideologia del politicamente corretto, per chiudere il discorso, segna il momento della definitiva rottura di questo PD "elegantemente progressista"[168] con gli strati popolari. Ma lungi dal comprenderlo o dal prenderne atto, il partito prosegue la sua deriva, addentrandosi anche nei vicoli più accidentati dell'ideologia *woke*, come la cosiddetta *cancel culture*, che con un ossimoro si potrebbe definire una sorta di fondamentalismo progressista, protesa a indagare il passato con logica inquisitoria al fine di correggere anche ciò che è stato, nonché, in estrema sintesi, la via più lineare per tornare all'età della pietra.

È recente l'idea di istituire una giornata per la celebrazione delle vittime del colonialismo italiano. Storia che si riteneva archiviata con la fine della Seconda guerra mondiale. Quanto sia opportuno o necessario occuparsi di un fenomeno chiuso quasi un secolo addietro, è difficile dire. Anche perché se ci si mette a rimestare il passato, non si finisce più. Si potrebbe arrivare pure alle vittime delle guerre servili. Il messaggio, però, che iniziative simili veicolano tra la gente comune, è che la sinistra non abbia cose serie di cui occuparsi, come se nella società odierna non vi siano questioni più impellenti da affrontare. Veramente precari e disoccupati si aspettano oggi dalla sinistra l'istituzione di una giornata per la celebrazione delle vittime del colonialismo italiano?

---

[165] https://www.agi.it/estero/news/2023-01-26/caso-afroamericano-ucciso-da-agenti-neri-19822662/ (consultato l'ultima volta il 2-12-2023).

[166] Probabilmente, però, non ci si è ancora resi conto della discriminazione che ne deriva. Ci sarà infatti un genitore con il numero *1* e un altro con il *2*, cioè un primo e un secondo. Non il modo migliore di cominciare. Attendiamoci quindi un nuovo dibattito su come si debba correggerla. Si potrebbe, per esempio, abbinarla con delle lettere, in modo che queste compensino le cifre, tipo *genitore B1* e *genitore A2*.

[167] Luca Ricolfi, *La mutazione*

[168] Luciano Canfora, *La democrazia sei signori*.

14. Giustizialismo e buonismo, due facce di due medaglie diverse

Ripartiamo dagli inizi della Seconda Repubblica. Sintetizziamo quanto è accaduto parafrasando la famosa battuta di un film: quando un uomo azienda incontra un uomo politico tradizionale, l'uomo politico tradizionale è un uomo finito. Contro il marketing aziendale, i vecchi ragionamenti e le vecchie strategie politiche erano armi spuntate, anche perché, come detto all'inizio, il terreno era stato ben coltivato nel decennio precedente con le tv commerciali. La sinistra poteva vincere solo impedendo a Berlusconi di partecipare.

Questo gli eredi del Partito Comunista non l'hanno proprio capito (o non l'hanno voluto capire). Potevano metterlo fuori gioco già nel '96 con una semplice leggina *ad personam* (poi lui ne avrebbe fatte parecchie di leggi *ad personam*, e non serviva Nostradamus per prevederlo). Del resto, non ci sarebbe stato nulla di antidemocratico. Anzi, subordinare la partecipazione alla lotta politica di un soggetto che possiede un impero mediatico alla cessione dello stesso, sarebbe stata soltanto un'elementare forma di tutela delle regole democratiche. Consentire a un *tycoon* dell'informazione di accedere alla competizione elettorale è stato come se in un campionato di calcio la designazione degli arbitri venisse affidata alla squadra più forte. Certo, la squadra garantirebbe che saranno tutti imparziali, ma nessuno ci crederebbe. E farebbe bene a non crederci.

D'Alema, al contrario, più interessato a oscurare Prodi che Berlusconi, si adoperò per legittimare quest'ultimo in tutti i modi, compresa la gloriosa Bicamerale, rivelandosi con la sua *realpolitik* il miglior nemico che questi potesse augurarsi. Dopodiché, attratto più dall'uovo oggi, cioè la poltrona di presidente del Consiglio, che dalla gallina domani, cioè un serio programma riformista di sinistra, pose le premesse per consegnare il paese a Berlusconi e le idee di sinistra all'oblio.

Da quel momento la sinistra è stata definitivamente archiviata. Il berlusconismo ha avuto campo libero e l'azienda-partito si è ritrovata padrona del paese. Attraverso una comunicazione capillare e pervasiva, dalle forme più popolari degli slogan a quelle più sofisticate e sottili della televisione, atta a modificare le categorie mentali della lotta politica, è stato capace di farci apparire come emergenze quelle che emergenze non erano e bazzecole quelli che erano macigni.

L'efficacia del marketing politico dell'azienda-partito è misurabile con la capacità di queste nuove categorie di insinuarsi tra gli stessi avversarsi, riuscendo, in altre parole, a far vedere la realtà dalla sua stessa prospettiva.

Sono così diventate di uso corrente parole che non rappresentano niente, ma che erano utili alla narrazione che si voleva diffondere. Parole che non avrebbero mai attecchito da sole, ma che nell'imponente industria dell'informazione berlusconiana hanno potuto contare su molte anime pie disponibili a innaffiarle e curarle, fino a farcele diventare familiari. Più che neologismi, andrebbero considerate operazioni linguistiche. Anzi, per essere più precisi, manipolazioni linguistiche. Piccoli ma fondamentali mattoncini di una strategia politica più ampia.

Due di queste parole, emblematiche della nostra storia recente, sono *giustizialismo* e *buonismo*.

Trent'anni fa l'unica associazione che *giustizialismo* ci avrebbe suggerito sarebbe stata quella con il partito dell'ex presidente argentino Peron. Oggi invece ha per tutti ben altro significato. Sta a indicare, o, per meglio dire, etichettare, coloro che pretendono una giustizia sommaria, mossa da animosità e astio quasi tribali, pronta a calpestare ogni diritto e ogni civiltà. Attenzione, però: vale solo per certi reati. Se, per esempio, pretendo una pena severa per un sindaco o un parlamentare che abbiano preso una tangente per la costruzione di una scuola o di un ponte che poi sono crollati, sono un giustizialista. Se, invece, invoco una condanna esemplare per uno spacciatore di marijuana o per un ladro di galline, sono un difensore della legalità. Nel primo caso mi dovrei vergognare; nel secondo posso andare a testa alta.

All'opposto del *giustizialismo* sta il *buonismo*. Anche questo però vale solo per un certo tipo di reati. Se chiedo di vagliare con calma circostanze e contesti per lo spacciatore o il ladro di cui sopra, sono un buonista; se invece lo chiedo per il parlamentare o il sindaco sono garantista. Anche qui vale la conclusione precedente.

In effetti, si tratta di una coppia di opposti asimmetrica. E il motivo è abbastanza semplice: le due parole rispondono a esigenze diverse. L'ingenuo potrebbe vederle come due estremi di un unico segmento, due facce della stessa medaglia. Il giustizialista che a un certo punto si ricrede si va piano piano spostando verso l'altro estremo, magari fino a diventare buonista, oppure può essere quest'ultimo a compiere il percorso inverso. Niente di più falso. In realtà, sono due estremi di due segmenti diversi, al cui estremo opposto di ognuno c'è la sorpresa. Sono due facce di due medaglie diverse.

Se ti vai redimendo dal giustizialismo procedi in direzione del garantismo; se ti allontani dal buonismo ti vai avvicinando alla difesa della legalità. Perché la legge non è uguale per tutti: per i colletti bianchi si applica il segmento giustizialismo-garantismo; per i poveracci vale il segmento legalità-buonismo. In altri termini, se attacchi il poveraccio difendi la legalità, se ci provi col potente sei giustizialista; se il potente lo difendi sei garantista, se difendi il poveraccio sei buonista. Tradotto in soldoni, *giustizialismo* serve ai politici contro il rischio di finire in cella, mentre *buonismo* a quelli che raccolgono i voti grazie alla microcriminalità e ai migranti.[169]

In Italia i colletti bianchi sono lo 0,9% della popolazione carceraria, mentre sono il 5,8% in Francia e il 13,2% in Germania.[170] Per la precisione, i detenuti in Germania per reati fiscali sono di più di quelli per droga e sono 55 volte di più rispetto all'Italia.[171] Eppure, la corruzione è molto più alta in Italia rispetto a Germania e Francia[172] e i reati finanziari sono molti di più in Italia. L'evasione dell'imposta sul valore aggiunto, per esempio, è stimata in 35 miliardi in Italia contro i 23 della Francia e i 12 della Germania, mentre nelle truffe all'UE stracciamo la concorrenza, doppiando la Germania e facendo più del triplo rispetto alla Francia.[173]

Alla luce di questi dati, non sembra che in Italia in questi anni ci sia stato un particolare accanimento verso corrotti e responsabili di reati finanziari. Non sembra che molti di loro siano andati incontro a giustizia sommaria o abbiano visto violati i loro diritti. Se i giustizialisti hanno preso il sopravvento nel paese, come la propaganda di destra non si è stancata di ripetere, non si può dire che abbiano fatto tutti questi sfracelli.

Come mai allora si è diffuso questo allarme verso il dilagare del giustizialismo che ha fatto da tema dominante in tante campagne elettorali? C'era veramente un'emergenza?

Sì, in effetti, un'emergenza c'era. Solo che riguardava una sola persona: il capo del governo. A fronteggiare questa emergenza tutta italiana sono serviti lodi e riforme processuali.

Un tempo la sinistra era garantista, mentre la destra, che metteva al primo posto la sicurezza dello Stato, appoggiava l'azione della magistratura incondizionatamente, anche quando questa abusava del suo potere e i diritti del singolo venivano calpestati. Poi, con la stagione di Mani Pulite, le cose sono cambiate. La destra ha scoperto che nella sicurezza dello Stato potevano rientrare anche reati come corruzione e malversazione, reati per i quali fino ad allora aveva goduto di una sostanziale immunità. Ha scoperto così il garantismo. Dopo, quando i suoi interessi hanno coinciso con gli affari del suo capo, il garantismo è diventato il suo tratto distintivo. Siccome, però, all'interno della coalizione c'erano anche quelli che raccoglievano i voti grazie al dilagare della piccola delinquenza, si è trovato l'escamotage. Il garantismo vale solo da un certo reddito in su. Sotto, come detto, è buonismo.

Qual è l'aspetto più sconcertante di tutta la storia?

Beh, l'aspetto più sconcertante è che anche la sinistra ufficiale è diventata antigiustizialista. Tuttavia, poiché ci tiene alla coerenza, applica l'antigiustizialismo a prescindere dal reddito, andando quindi incontro all'accusa di buonismo. E bisogna dire che fanno quasi tenerezza i rappresentanti del PD quando nei *talk-show* prendono le distanze dal giustizialismo e non sanno come allontanarsi dal buonismo. Si direbbe che maneggino le parole giusto perché di tendenza, ma senza afferrarne pienamente il senso, un po' come quelli che trovano un oggetto lasciato lì da qualcun altro e lo prendono e lo rigirano tra le mani senza capire bene a cosa serve. Bisognerebbe che un conduttore chiedesse, se non altro a beneficio di *Blob*: ma lei cosa intende esattamente per giustizialismo?

-----

[169] Quanto sia radicata e autentica questa cultura garantista, aprendo una parentesi, lo si vede quando giustificano qualsiasi violazione del diritto se a commetterla sono i nostri amici. Per i cosiddetti "narcoterroristi" (già la definizione fa ridere) uccisi nelle acque prospicienti il Venezuela, per fare un esempio recente, non vale la presunta innocenza e il diritto a un processo, ma si può procedere direttamente con l'esecuzione della pena capitale. Non si è sentita alcuna condanna da parte dei garantisti della domenica, anzi, nella loro abile manipolazione della comunicazione, coloro che denunciano tale violazione vengono zittiti con l'*out-out*: "sei dalla parte della democrazia o stai col dittatore?" Stesso artificio attraverso il quale puoi diventare pro Pal (se non fiancheggiatore di Hamas) o filoputiniano se denunci i crimini israeliani o quelli della NATO, chiunque tu sia, fossi anche il papa.

[170] https://pagellapolitica.it/fact-checking/davvero-meno-di-un-detenuto-su-cento-e-in-carcere-per-reati-dei-colletti-bianchi (consultato l'ultima volta il 2-12-2023).

[171] https://www.corriere.it/cronache/14_gennaio_27/italia-reati-finanziari-invisibili-pochissimi-detenuti-fiscali-solo-punisce-germania-4715e404-8721-11e3-b7c5-5c15c6838f80.shtml (consultato l'ultima volta il 2-12-2023).

[172] Siamo al 41 posto, mentre la Germania è al 9 e la Francia al 21. https://www.transparency.org/en/cpi/2022 (consultato l'ultima volta il 2-12-2023).

[173] https://www.eppo.europa.eu/sites/default/files/2022-07/_EPPO-Annual-Report-2021-IT.pdf (consultato l'ultima volta il 2-12-2023).

15. Voteremo gli Unni per sconfiggere i marziani

È andata avanti per un paio di decenni, questa storia del voto utile, che se non si votava il PD si contribuiva a far vincere la destra, che si rischiava di mandare in rovina il paese, la catastrofe e l'incombente pericolo fascista.

Ora, della storia non si dà scienza esatta e il futuro può smentirci in qualsiasi momento, può pure darsi che mentre scriviamo una nuova marcia su Roma sia in fase di preparazione, ma il solo pensare che nell'Italia del XXI secolo possa essere instaurato un regime fascista, o che anche vagamente rassomigli al regime mussoliniano, appare qualcosa di totalmente inverosimile, che fa *pendant* con le accuse di nostalgie comuniste mosse dalla destra al PD. Ciò non significa che la democrazia non sia in pericolo. Lo è, eccome. Anzi, sarebbe meglio dire ciò che della democrazia rimane, essendosi ormai nella sostanza trasformata in una sorta di oligarchia,[174] ma questo non c'entra niente con il governo Meloni, trattandosi piuttosto di un fenomeno globale che caratterizza le democrazie occidentali. Senza contare lo strapotere delle multinazionali tecnologiche che prefigura l'avvento di forme di totalitarismo assimilabili a quelle immaginate da Orwell in *1984*.[175] Ma questo è un discorso che il PD è lontanissimo dal fare.

Ad ogni modo, tornando al nostro orto, alla luce degli ultimi risultati elettorali, si può trarre la conseguenza che questa storia del voto utile abbia un po' stancato, e che a più di uno sia venuto il sospetto che si trattasse dell'ultimo salvagente al quale una manica di incapaci, dopo aver fatto naufragare la nave, provava goffamente ad aggrapparsi. Un divertente tweet alla vigilia delle ultime elezioni politiche recitava: «la prossima volta ci chiederanno di votare Meloni per non far vincere le SS, e poi di votare le SS per non far vincere gli Unni e infine di votare gli Unni per sconfiggere i marziani».

Diciamolo chiaramente: il voto utile non esiste. O meglio, è sempre utile. Anche se voto scheda bianca, o anche se non vado a votare, è comunque utile a farti capire che non mi sento e non sono rappresentato. Un partito serio convince gli elettori con le proposte alle quali fanno seguito i fatti, non agitando spauracchi come si fa coi bambini che non vogliono ubbidire.

Questo, per quanto riguarda il discorso che ultimamente siamo abituati a sentire alla vigilia delle elezioni.

All'indomani, invece, il ritornello è un altro. Dopo la sconfitta, arriva immancabile l'autocritica: «ci siamo allontanati troppo dalle classi lavoratrici». E ogni volta viene da domandarsi se c'era bisogno della batosta elettorale per capirlo. Non bastava guardare il trend degli iscritti al PD, che sono passati dagli 830000 del 2009, anno della sua nascita, ai 50000 del 2022, di cui 10000 online? E non bastava, poi, dare un'occhiata alle statistiche per vedere che i governi a guida o con dentro il PD non solo non hanno contribuito in alcun modo ad attenuare la forbice sociale, ma anzi l'hanno accentuata, per darsi una spiegazione?

Nemmeno l'autocritica, allora, appare più convincente, finendo per somigliare a una posizione di comodo. Dall'opposizione si può ammettere di non aver tutelato i ceti meno abbienti. Ci si può ricordare delle disuguaglianze, della precarietà, del salario minimo, ecc. ecc. Insomma, si può tornare a essere Che Guevara. Poi, una volta ritornati al governo, dimenticarsene di nuovo.

All'ultima sconfitta, dopo il solito *refrain*, c'è stata l'elezione di una nuova segretaria. Alcuni editorialisti, di quelli nutriti a pane e centralismo democratico e ora capitani coraggiosi della globalizzazione – per intenderci –, l'hanno salutata come il Corbyn italiano. Laddove ovviamente il nome del laburista inglese non voleva essere un complimento. Ragion per cui, se non voleva esserlo per costoro, potrebbe pure oggettivamente esserlo.

Certamente, da un punto di vista di sinistra, non sarebbe stato un complimento se fosse stata etichettata come il Blair italiano. Sappiamo a chi venne riferita l'ultima volta tale etichetta e sappiamo pure come è andata a finire.

Per le politiche economiche dell'ex leader laburista fu coniato l'illuminante termine di blatcherismo, fondendo il suo nome con quello della Thatcher, per sottolinearne le posizioni neoliberiste.

Arrivati a questo punto, però, i blatcheristi nostrani tengono una freccia al loro arco che puntualmente tirano. È sempre la stessa. Almeno con Blair [o coi suoi replicanti] finalmente si vinceva.

Seguono le arcinote accuse alla sinistra minoritaria e massimalista (e già il solo ricorrere a questa parola fa sorridere), con la sua perenne vocazione all'isolamento e all'inevitabile sconfitta, nonché ottusamente chiusa alla modernità della nuova sinistra *smart*, che con una politica moderata che guarda al centro finalmente vince. Arriva quindi l'esempio del trionfale 41% alle europee del 2014, solitamente senza ricordare il bonus dei 70 euro a esse associato.

Prima di cimentarsi in questo dibattito, che periodicamente si tiene, bisognerebbe però affrontarne un altro. Discutere, cioè, su cosa si intenda per vittoria.

Innanzi tutto, nelle competizioni elettorali non vale la stessa logica dei mondiali di calcio. In questo caso tifiamo per una nazionale o per l'altra, e ci rallegriamo della sua vittoria, pur consapevoli che in nessun modo ci cambierà la vita; nel primo, invece, si presume che la vittoria di uno schieramento o dell'altro abbia effetti concreti sulla vita di milioni di persone. Quindi, ci rallegriamo per la vittoria della sinistra non perché sia arrivata prima, ma perché pensiamo che alla sua vittoria seguiranno delle iniziative e delle politiche di sinistra. Ma se, dopo aver vinto, la sinistra fa politiche di destra, quale motivo abbiamo di celebrare la vittoria? Perché dovremmo rimpiangere e prendere a esempio una sinistra vincente che poi ha fatto né più né meno di ciò che avrebbe fatto la destra?

Pare pure sciocco puntualizzarlo, ma non è che le politiche di destra diventano migliori se a farle è un partito di sinistra. L'unica differenza è che ti fa incazzare di più. Un conto infatti è se le fa la destra, che è stata votata per farle, ben altro è se le fa la sinistra, che invece è stata votata per fare cose di sinistra. Può l'elettore di sinistra accettare con animo lieto la precarizzazione del lavoro, lo smantellamento dello stato sociale, il progressivo peggioramento dei servizi pubblici, tutte le cose, cioè, che farebbe la destra, solo perché derivano dall'azione di un governo che si definisce di sinistra? Ma quelle famiglie che non arrivano a fine mese, quei cinque milioni di italiani in povertà assoluta, cosa metteranno in pentola, il 41% delle europee?

Riproporre quindi ogni volta la storia della sinistra perdente e di Blair vincitore è un argomento tanto inconsistente quanto inopportuno. Se la vittoria dev'essere a questo prezzo, molto meglio la sconfitta. Se non altro, a perseguire interessi contrari al popolo di sinistra, sarà un governo dichiaratamente di destra. Non cambierà nulla in concreto, ma ti lascerà aperta la possibilità di coltivare un progetto. Sai che ad agire contro i tuoi interessi è il fronte politico avversario. L'aspetto più deleterio di un governo eletto coi voti di sinistra per fare cose di destra, invece, è quello di privarti di ogni prospettiva. Perché se ad agire contro i tuoi interessi sono coloro che hai votato, puoi solo allontanarti dalla politica e non recarti più alle urne. Oppure, come succede tra i più arrabbiati o tra i più sprovveduti, votare a destra. L'effetto, infatti, del fare cose di destra spacciandole per cose di sinistra è quello di nuocere alla credibilità delle idee di sinistra e di spingere gli elettori sempre più a destra.

---

[174] https://theintercept.com/2015/07/30/jimmy-carter-u-s-oligarchy-unlimited-political-bribery/ (consultato l'ultima volta il 2-12-2023).
[175] Si veda nota 75.

16. La sinistra antipatica

Ricordiamo tutti lo storico manuale di Berlusconi per i candidati di Forza Italia. Senza voler rievocare ora in dettaglio i suoi consigli, scrupolosi al punto da spingersi fino al corretto uso dei bagni, l'obiettivo era quello di rendere il candidato il più possibile simpatico agli occhi degli elettori. Obiettivo che fu pienamente raggiunto. A vedere le performance dei rappresentanti del PD, si direbbe che anch'essi seguano un manuale non scritto, il cui obiettivo però è esattamente il contrario di quello berlusconiano. Anche in questo caso, conseguendolo pienamente.

La sinistra oggi è antipatica. Questo è un dato di fatto. Soprattutto tra le fasce socialmente e/o culturalmente più deboli. Tra costoro, l'*essere di sinistra* viene immediatamente identificato con l'appartenenza a un'élite di privilegiati, e quindi lontani e spesso ostili al popolo.

Prima di metterne a fuoco i motivi, però, è interessante notare il paradosso insito in questo fenomeno. Il discredito che grava sulla sinistra è originato dalla linea politica del PD, un partito che a ben vedere non può essere considerato di sinistra, come se della gente travestita da pompiere andasse in giro ad appiccare incendi, facendo così a lungo andare diffondere la convinzione che i pompieri facciano il contrario di ciò che dovrebbero fare. Per conseguenza, se qualcuno dice «ho idee di sinistra», anche se è effettivamente di sinistra, viene comunque bollato come difensore degli interessi di un'élite.

Tornando all'antipatia, abbiamo visto come ormai le politiche economiche siano dettate dai mercati e dalle grandi istituzioni finanziarie, e come esse si possano sostanzialmente definire di destra, più o meno moderata. Anche se, come detto, in misura minore rispetto alla sinistra, anche la destra radicale vive un problema di rappresentatività analogo, come sta sperimentando bene il partito della premier una volta pervenuto al governo. Si chiama governo Meloni, ma lo si potrebbe tranquillamente chiamare Draghi-*bis*, tanta e tale la continuità tra i due, quanto grande era la distanza che li separava stando all'opposizione.[176]

La destra radicale, tuttavia, è predisposta meglio ad affrontare questo fenomeno, come dimostrano i sondaggi, che a dispetto di un'azione di governo in perfetta continuità con quella del precedente (contro il quale veemente era stata l'opposizione), non registrano variazioni di rilievo.

L'abbiamo accennato nel capitolo dedicato all'immigrazione e in quello sul politicamente corretto. A differenza di ciò che accade al PD, il cui elettorato manifesta apertamente la delusione per la mancata realizzazione delle istanze per cui l'aveva votato, la destra resiste meglio al fenomeno dell'omologazione in virtù di un'efficace strategia comunicativa, una strategia che affonda le radici nella sua storia.

«Il nazionalsocialismo [...] non si isolava dalla gente comune», scrive Vasilij Grossman, «le sue battute erano quelle di tutti e tutti ne ridevano; era plebeo e come tale si comportava, conosceva perfettamente la lingua, l'anima e i pensieri di coloro ai quali aveva tolto la libertà».[177] La stessa natura plebea che ritroviamo tra le componenti della cultura fascista, per esempio in movimenti come *Strapaese*, interpreti del sentimento tradizionale popolare, con particolare accento sulla sua diffidenza verso ogni forma di contaminazione e di cambiamento, visti come minacce all'identità nazionale.

Questa sintonia della destra con gli umori popolari ha conosciuto un periodo di appannamento nel corso della Prima Repubblica. In un contesto storico dominato dalla cultura democristiana, la destra era piuttosto espressione del perbenismo borghese. Difficile immaginare Almirante con due meloni in mano nel giorno delle elezioni, come abbiamo visto presentarsi l'attuale presidente del Consiglio, e non soltanto per una questione di nome. Non sarebbe mai successo nemmeno se anziché chiamarsi Almirante, si fosse chiamato Cocomero o Ficosecco.

La *deregulation* morale, intervenuta sul finire del secolo scorso e proceduta di pari passo con quella economica, e la successiva

122

diffusione dei *social* hanno costituito il terreno propizio per riallacciare il *feeling* con la gente comune, permettendole di ritornare ad essere movimento di massa. Le modalità di comunicazione berlusconiane, infarcite di barzellette di bassa lega e di slogan iperbolici, segnano l'inizio di questo ritorno agli antichi splendori. I due leader odierni (il terzo non lo prendiamo in considerazione, essendo un normale lavoratore dipendente) hanno saputo fare anche meglio, scendendo un ulteriore gradino fino a porsi allo stesso livello dell'uomo della strada, annullando ogni frattura tra governante e popolo. Basta osservare i loro profili *social* per rendersene conto. Sono quelli dell'uomo qualunque, dove in un unico calderone gorgogliano buoni sentimenti, toni sguaiati, frasi mielose, beceri apprezzamenti, ecc.

La sinistra, al contrario, è storicamente pedagogica. Da Marx a Gramsci affida all'intellettuale il ruolo di guida e di educatore delle masse. Ma se negli anni della Prima Repubblica, in una società culturalmente classista, ha avuto gioco facile nell'intercettare gli umori degli strati popolari ed ha potuto quindi prosperare, con l'avvento dell'illusorio interclassismo berlusconiano si è venuta a trovare a mal partito, staccandosi rapidamente dal sentire popolare. Se Berlusconi ha potuto contare sulle sue tv, la sinistra avrebbe potuto tutt'al più puntare sulla scuola, essendo una platea istruita e/o rispettosa della cultura quella a lei più congeniale. Senonché, i ministri di sinistra che si sono succeduti a Viale Trastevere, lungi dal porre un freno al processo di smantellamento della scuola italiana, lo hanno accelerato, spesso in maniera più decisiva dei colleghi di destra. Ennesima dimostrazione, ove ce ne fosse bisogno, della lungimiranza del Partito Democratico e dei suoi esponenti di spicco.

Così, man mano che la cultura veniva sempre più svalutata, l'intellettuale, figura storica di riferimento della sinistra, è diventato sempre più estraneo alle fasce popolari. Il suo linguaggio risulta oggi escludente, idoneo a far presa solo su persone di istruzione medio-alta, e sostanzialmente privo di empatia verso il sentire popolare. Finisce dunque per essere visto come simbolo di un'élite estranea alla gente comune, alla sua quotidianità e ai suoi problemi. Simbolo della sinistra, insomma. Non solo. È andato incontro al rischio nel quale possono incorrere tutti gli educatori: è diventato noioso. E, non rendendosene conto, pure fastidioso. Niente di sorprendente, dunque, se il termine stesso abbia assunto una connotazione quasi dispregiativa. Gli intellettuali dell'area progressista sono diventati *intellettualoni*, oggetto di dileggio sui *social*, accusati di disquisire dei massimi sistemi senza avere alcuna conoscenza concreta di quale sia la quotidianità della vita nelle aree più disagiate.

Quindi, in un contesto nel quale i governi sono obbligati a muoversi in un solco tracciato altrove, col confronto ormai spostatosi interamente sul terreno della comunicazione, ognuno dei due schieramenti sventola le bandierine nelle quali si dovrebbe riconoscere il proprio elettorato. Ma nel gioco delle bandierine, lo abbiamo detto e ripetuto, la sinistra non ha alcuna speranza di prevalere. Non ci vuole Machiavelli per capire quale avrà più successo tra lo *ius soli* e il degrado accentuato dall'immigrazione, tra i diritti LGBT e i valori della tradizione.

---

[176] Si veda nota 22.
[177] Grossman, *Vita e destino*.

17. Biancogrigi vs. rossobruni

È di recente conio il neologismo rossobruno per indicare una sorta di fusione tra estrema sinistra ed estrema destra, una forma edulcorata di fasciocomunista. Come si è visto sopra parlando di buonismo e giustizialismo, bisogna stare un po' in guardia quando nel dibattito politico irrompono parole nuove. Dietro la loro finta neutralità descrittiva si cela spesso la clava.

Il rossobrunismo si baserebbe sulla convergenza di rappresentanti dei due estremi dell'orizzonte politico (extraparlamentari, per intenderci). Tale convergenza porterebbe a una sorta di ideologia ibrida, rendendo così l'estrema sinistra facilmente attaccabile perché va d'accordo con l'estrema destra, e viceversa. Essa interesserebbe alcuni tra i temi centrali del dibattito politico contemporaneo: difesa del sovranismo, politiche anti-migratorie, avversione alla NATO, difesa dell'identità nazionale contro la globalizzazione. Ma, dal momento che non abbiamo mai visto gli estremi incontrarsi, se non al manicomio, sarà utile riassumere i punti salienti passati in rassegna in queste pagine per capire quale fondamento abbia il neologismo in questione.

È il sovranismo un'idea di destra?

Certamente lo è. Sia la destra estrema, sia (a parole) quella di governo si definiscono sovraniste. D'altro lato, se è quello di cui abbiamo parlato e produce le diseguaglianze che abbiamo visto, l'europeismo non può certamente essere di sinistra. Allora, se il cedere sovranità si traduce nell'accettare politiche di destra, sarà di sinistra non cederla. Ciò non significa negare i valori dell'europeismo (quello di Ventotene) e diventare di destra. Al contrario, significa rifiutare le politiche di destra e cercare degli spazi dove poter perseguire politiche di sinistra. Dunque, c'è una differenza di fondo: chi è di sinistra non è, a differenza della destra, antieuropeista per principio, lo è in riferimento alle politiche seguite dall'UE.

Le politiche anti-migratorie sono di destra?

Certamente sì. Se però si attuano lasciando morire la gente in mare, ostacolando o rendendo più difficili i soccorsi, firmando accordi con dittatori senza scrupoli, ecc. Diventano però di sinistra se si esprimono nella lotta contro il neocolonialismo, le guerre, il commercio di armi e tutte quelle attività che contribuiscono a seminare povertà e distruzione, costringendo tante persone ad abbandonare i propri paesi. Anzi, molto di sinistra, perché oltre a difendere i diritti degli oppressi dei paesi meno sviluppati, si tutelano anche quelli che vivono nelle aree più svantaggiate del nostro paese, cioè, coloro che più subiscono gli effetti negativi dell'immigrazione.

L'avversione alla NATO è di destra?

Non si direbbe. Non sembra che fin dagli anni della *strategia della tensione* i rapporti tra la galassia dell'estrema destra e i servizi segreti americani e le organizzazioni paramilitari riconducibili alla NATO fossero dei peggiori. Certamente, invece, è sempre stata ed è tuttora di sinistra. Pare pure il minimo, essere contro un'organizzazione che è diretta emanazione dell'industria degli armamenti e la cui ragione sociale è la promozione della guerra.

La difesa dell'identità nazionale contro la globalizzazione è di destra?

Sì, è da sempre prerogativa della destra estrema e, sulla carta, anche della destra di governo. Niente di strano, dunque, che l'una e (sempre sulla carta) l'altra siano contro la globalizzazione. La sinistra, invece, è storicamente internazionalista. Nel caso della globalizzazione, tuttavia, si può fare un discorso analogo a quello fatto per l'europeismo. Essere internazionalisti non significa essere fessi. La sinistra è per l'incontro dei popoli e delle culture, ma se tale incontro si rivela solo un sotterfugio per spianare la strada al dominio delle multinazionali, alla distruzione dell'identità dei popoli e al saccheggio delle loro risorse, allora *à la guerre comme à la guerre*, anche le barriere e i muri tornano utili. Non è un'opposizione a prescindere, ma a ragion veduta.[178]

In questi temi, dunque, è ben visibile il rosso, ma non si capisce dove stia il bruno. Non per il fatto di essere sostenuta anche da esponenti di destra, un'idea di sinistra diventa "né di destra né di sinistra" o rossobruna. Essere contro il militarismo guerrafondaio della NATO rimane un'idea di sinistra, anche se sostenuta da tutti i fascisti del mondo. Poi, consideriamo pure che grande è la confusione sotto il cielo. Ci sono persone che hanno un'idea di destra e un'altra di sinistra, magari sono contro la globalizzazione perché affama i più poveri e favorevoli a lasciarli affondare, i più poveri, quando provano ad attraversare il Mediterraneo; ci sono persone che difendono i diritti dei lavoratori e tessono gli elogi di Putin o Kim Yong-un; ecc.[179]

Non è stato invece coniato nessun termine per indicare quell'omologazione che caratterizza le forze politiche presenti in parlamento, che se a parole ci tengono a distinguersi, una volta al governo, come abbiamo visto, hanno seguito linee più o meno simili in politica estera, nei rapporti con l'UE, nelle politiche economiche e industriali, in tema d'immigrazione, ecc.[180] Quanto basta, insomma, per parlare in maniera molto più fondata della precedente di un unico grande schieramento, un "superpartito", per usare il termine di Canfora, per i cui componenti suonerebbe appropriata la definizione di biancogrigi. Usiamo il condizionale perché sui giornali non si è mai letta.

Il fatto è strano solo in apparenza. Innanzi tutto, bisogna ricordare che anche l'informazione ha seguito lo stesso processo di omologazione della politica. Negli anni '70 vi erano giornali espressione della grande borghesia (*Corriere* e *La Stampa*) e giornali di opposizione (*L'Unità* e *Paese Sera*), che esprimevano in molti campi posizioni antitetiche rispetto ai partiti di governo. Oggi sono rimasti solo i primi, ai quali si è prepotentemente aggiunta (nel senso di scavalcarli a destra) *Repubblica*. L'informazione quindi, peraltro la stessa che troviamo sui notiziari televisivi, è espressione di un unico orientamento, il cosiddetto *mainstream*. Un intervallo ben delimitato entro il quale stanno le idee accettabili, «una sorta di dottrina viscosa che, impercettibilmente, avvolge ogni ragionamento ribelle, lo inibisce, lo turba, lo paralizza e finisce per soffocarlo. Questa dottrina è il pensiero unico, l'unico autorizzato da una polizia d'opinione invisibile e onnipresente [...] Questo discorso anonimo è ripreso e riprodotto dai principali organi di informazione economica, e in particolare dalle "bibbie" degli investitori e degli operatori di borsa: *The Wall Street Journal, Financial Times, The Economist, Far Eastern Economic Review, les Echos, Agence Reuter,* ecc. –, proprietà, spesso, di grandi gruppi industriali o finanziari. Quasi ovunque, facoltà di scienze economiche, giornalisti, saggisti e politici riprendono i principali comandamenti di queste nuove tavole del diritto e, attraverso la staffetta dei grandi mass-media, li ripetono fino alla nausea. Ben sapendo che, nelle nostre società mediatiche, la ripetizione equivale a dimostrazione».[181]

Così, da una parte, i grandi centri di potere penetrano sempre più negli organi decisionali, finanziando l'uno e l'altro schieramento, per poi dopo le elezioni passare, chiunque vinca, all'incasso; dall'altra, è loro interesse far credere attraverso i mezzi di informazione che esista ancora una dialettica politica.

Per illustrare meglio il quadro si può utilizzare la metafora di Chen Yun, uno degli architetti del passaggio della Cina al libero mercato: se l'uccello sta in una gabbia troppo stretta, soffocherà; se viene lasciato completamente libero, volerà via; la soluzione ottimale è mettere l'uccello in una gabbia spaziosa.

Dunque, se dici che oggi in parlamento c'è un unico schieramento biancogrigio, la gente capirà di essere dentro una gabbia troppo stretta; se dai spazio a tutte le idee, c'è il rischio che possa pensare a delle alternative e volare via; se fai credere che la democrazia continua a esistere, rappresentando la dialettica fittizia di governi gialloverde, giallorosso, verdegrigio, ecc., la gabbia risulta abbastanza spaziosa da dare alla gente l'illusione di una democrazia reale.

Allora, il modo migliore per escludere ogni idea che si discosta dal pensiero unico è quello di etichettarla con termini dal forte connotato negativo. Anche se non significano niente, l'importante è che servano a delimitare i confini, demonizzando quelle idee che stanno fuori dal perimetro entro il quale ci si deve muovere.

128

Rossobrunismo, in questo senso, è una parola di sicuro avvenire.

Sfortunatamente, questa strategia non funzionerà all'infinito. Può isolare oggi le voci del dissenso, ma, ahimè, non può anestetizzare gli effetti prodotti dal *supercapitalismo.*

Anche in Italia si va delineando il quadro prefigurato dall'ex segretario al lavoro di Clinton per il suo paese: «il vero spartiacque politico negli Stati Uniti dei prossimi anni non sarà tra il partito repubblicano e quello democratico. Sarà tra *establishment* e anti-*establishment*: tra il complesso delle grosse aziende, le banche di Wall Street e gli ultraricchi che hanno aggiustato il gioco economico e politico a loro vantaggio e la grande maggioranza dei cittadini che di conseguenza vivono una situazione di difficoltà».[182]

Allora, può essere comodo e pure vantaggioso esorcizzare l'anti-*establishment* definendolo populista, rossobruno, chiavica o come meglio credi, ma quando le diseguaglianze diventano insostenibili, l'esorcismo non basta più a cancellare la realtà. Il fatto preoccupante è che da questo conflitto non può venir fuori niente di buono. C'è solo spazio per la demagogia, che è terreno molto più propizio per la destra che per la sinistra, come del resto ampiamente dimostra l'emergere di figure improponibili, tipo Trump o l'argentino, al confronto dei quali anche Berlusconi sembra quasi uno statista.

---

[178] «Se le politiche interne fossero state più attente agli effetti della globalizzazione e alle crescenti disuguaglianze all'interno dei confini nazionali, i paesi avrebbero potuto intraprendere politiche che avrebbero evitato tante sofferenze […] Ma il tipo di globalizzazione che avrebbe funzionato è nettamente diverso da quello imposto ai paesi in via di sviluppo dall'Fmi e dalla Banca mondiale». Joseph Stiglitz, *La globalizzazione e i suoi oppositori.*

[179] Ci sarebbero poi temi, per così dire, più marginali, riconducibili al politicamente corretto. Basandosi su tali temi, Alain de Benoist, per esempio, parla di "conservatorismo di sinistra". Bisognerebbe, innanzi tutto, intendersi sul significato di conservatorismo. Il cambiamento non

è in sé di sinistra, come non è in sé né buono né cattivo. Se domani si abolisce il diritto di sciopero, per esempio, saremo contro questo cambiamento. Detto ciò, per quanto riguarda il politicamente corretto, sul quale ci siamo già soffermati, appare quanto meno discutibile associarlo alla cultura di sinistra, essendo frutto della cultura *liberal* americana, che con la sinistra poco o nulla ha a che vedere. E per dirlo in maniera più chiara rispetto a prima, abolire i termini *padre* e *madre*, più che di sinistra, sembra una pura e semplice stupidaggine. *Idem* dicasi della cosiddetta *Teoria del genere* e di tante analoghe trovate sulle quali oltreoceano alacremente lavorano.

[180] Il provvedimento più simbolico del rapporto con l'UE, cioè il pareggio di bilancio in Costituzione, fu votato dalla quasi totalità dei parlamentari (nessun "no" alla prima lettura alla Camera e al Senato).

[181] "La pensée unique" di Ignacio Ramonet, *Le Monde Diplomatique*, gennaio 1995.
https://www.monde-diplomatique.fr/1995/01/RAMONET/6069 (consultato l'ultima volta il 2-12-2023).

[182] R. Reich, *op. cit.*

18. La cultura della lotteria

Per molti decenni essere di sinistra in Italia ha significato essere comunista. Essendo ormai trascorsi molti anni dalla fine del PCI, sarà opportuno ricordarne brevemente il significato, onde evitare ulteriori fraintendimenti.

Il comunista di allora si caratterizzava innanzi tutto per la militanza. Essere comunista implicava un impegno attivo, a prescindere dal ruolo svolto nel partito. Significava, inoltre, abbracciare una precisa scala di valori, rifiutando la logica del consumismo e anteponendo il miglioramento delle condizioni della collettività a quelle individuali. Il militante, inoltre, faceva parte di una comunità coesa ed era in sintonia con gli umori popolari. Spesso proveniva dalle fasce più basse della popolazione, si muoveva in mezzo a esse, ne parlava il linguaggio, frequentava gli stessi luoghi e aveva percezione diretta di quella che era la loro vita. Poteva pure provenire da famiglie agiate, come lo stesso Berlinguer, ma si contraddistingueva comunque per uno stile di vita sobrio, tale da essere percepito dai meno abbienti come uno di loro.

Scomparso il PCI, nonché la sua memoria, il termine *comunista* ha tuttavia mantenuto il suo *charme* tra la gente di sinistra o che ama presumersi tale. Non di rado ancora oggi si sentono anche personaggi dello *star system* definirsi comunista, e non si può negare che la cosa faccia un certo effetto, contrastando palesemente con il loro tenore di vita. Se in tal modo possono rendere un buon servigio alla propria immagine, evocando una professione di modestia e di uguaglianza, non si può dire però che facciano altrettanto con la reputazione della sinistra, contribuendo piuttosto a rafforzare l'idea che essa rifletta il pensiero delle *élite*. Non che chi si definisce comunista debba abbracciare ideali francescani, e tuttavia certi stili di vita stridono non solo con l'essere comunista, ma anche con il più moderno *essere di sinistra*. Non a caso è fiorita tutta una letteratura *social* sui comunisti col cuore a sinistra e il portafoglio a destra, sui Rolex, Capalbio, ecc.

Si potrebbe parafrasare Lutero, dicendo che la ricchezza è la prima puttana della destra, ma sarebbe forse semplificare troppo la questione. L'Italia ha una specificità tutta sua. Ci sono *cattolici* che non sanno nemmeno dove stia di casa il Vangelo, ci sono *liberisti* impenitenti che sopravvivono grazie ai sussidi pubblici e ci sono pure *comunisti* che vivono nel lusso e portano i soldi all'estero. Diciamo che in Italia, ancor prima di essere cattolici, liberisti o anche comunisti, il più delle volte siamo non praticanti. Se così non fosse, del resto, non avrebbe attraversato l'oceano la notizia di Pepe Mujica che destinava il 90% del suo stipendio in beneficenza, abitava in una casetta di periferia e girava con un'auto scassata.

Lasciando dunque il termine ai tempi che furono, e provando a definire una *weltanschauung* di sinistra più aggiornata, si potrebbe muovere da due enunciati.

Il primo è proprio dell'ex presidente uruguaiano: «Io consumo il necessario ma non accetto lo spreco. Perché quando compro qualcosa non la compro con i soldi, ma con il tempo della mia vita che è servito per guadagnarli. E il tempo della vita è un bene nei confronti del quale bisogna essere avari. Bisogna conservarlo per le cose che ci piacciono e ci motivano. Questo tempo per sé stessi io lo chiamo libertà. E se vuoi essere libero devi essere sobrio nei consumi. L'alternativa è farti schiavizzare dal lavoro per permetterti consumi cospicui che però ti tolgono il tempo per vivere... Lo spreco è [invece] funzionale all'accumulazione capitalista [che implica] che si compri di continuo [magari indebitandosi] sino alla morte».[183]

L'*essere di sinistra* si associa naturalmente a una visione della vita nella quale l'individuo non sia soltanto un anello della catena dell'industria del consumo. Non l'elogio del pauperismo, dunque, ma della sobrietà, la prima cosa che il consumismo si porta via.

Il secondo è di Zygmunt Bauman: «Come la tenuta di un ponte si misura a partire dalla solidità del suo pilastro più piccolo, così la qualità di una società dovrebbe essere misurata a partire dalla qualità della vita dei più deboli tra i suoi membri.»[184]

Se l'enunciato di Mujica esprime una visione del mondo di sinistra, questo di Bauman indica, per così dire, le coordinate operative, rappresentando una sorta di bussola. Ci fa capire che essere di sinistra significa combattere quelle diseguaglianze in tutti i contesti e in tutti i luoghi in cui si manifestano, nonché le modalità che concorrono al loro perpetuarsi.

È una strada stretta e accidentata. Lo è sempre stata, perché provare a correggere le storture del mondo implica un cambiamento, ed è nella logica delle cose che ogni cambiamento incontri delle resistenze, per cui chi difende lo *status quo* parte sempre avvantaggiato. Tuttavia, oggi lo è ancora di più, forse perché queste resistenze riflettono gli interessi dei più forti, che possono far leva su un'organizzazione quanto mai capillare ed efficace.[185]

I tanti film di genere distopico, che oggi furoreggiano, saranno pure fatti bene, ma non si può dire che eccellano per creatività o per immaginazione. Di certo gli sceneggiatori non si spremono troppo le meningi, limitandosi ad amplificare la realtà che già vediamo in tanti quartieri di tante metropoli: una massa di diseredati disorganizzata e caotica, dominata da un'emotività primitiva e da logiche tribali. È una distopia che somiglia molto al futuro prossimo, se non al presente. I grandi agglomerati, più o meno degradati, in cui quella massa viene collocata, indicano in maniera tangibile il suo isolamento. Le isole dei privilegiati rimangono a essa inaccessibili, per cui rabbia e frustrazione possono essere rivolte solo al suo interno. Il nemico allora è quello che puoi vedere, il tuo simile, quello che contendendoti il tozzo di pane rappresenta l'ostacolo immediato alla tua sopravvivenza. Il ricco e potente, invece, scomparendo dal tuo orizzonte, non solo risulta inattaccabile, ma non viene più nemmeno identificato come il vero nemico. Anzi, può addirittura diventare il tuo mito.[186]

Nel film di Michael Moore, *Capitalism: a love story*, viene citato un passaggio di un rapporto riservato di *Citygroup*, una delle *Big Four* americane. Gli estensori del rapporto si chiedono cos'è che permetta il funzionamento di un sistema nel quale solo l'uno per cento gode del completo benessere, mentre il 99 arranca.[187] La risposta che viene data è che il 99 per cento accetta la propria condizione perché animato dalla speranza di poter un giorno entrare a far parte di quell'uno. Bisogna crederci. Non sono studi sociologici buttati lì da qualche perdigiorno, questi sono studi ben ponderati di gente che mira al guadagno, quindi attendibile per contratto.

La domanda che allora noi, che non abbiamo gli stessi interessi di *Citygroup*, ci facciamo riguarda il modo in cui questo 99 per cento pensa di saltare dall'altra parte del muro.

Intanto, è chiaro che una massa ridotta a pura somma di egoismi elementari, non vedendo un nemico comune, non vedrà nemmeno un interesse comune, per cui non potrà coltivare una prospettiva di miglioramento nella sua totalità. Il muro lo si potrà scavalcare solo individualmente.

In secondo luogo, diminuendo la mobilità sociale di anno in anno, la possibilità di raggiungere l'obiettivo attraverso un lungo percorso di studio e lavoro appare sempre più marginale. Molte più probabilità ci sono invece che avvenga per un evento miracoloso: una vincita alla lotteria o un suo equivalente, come un figlio calciatore o star della tv. Una volta si affollavano le chiese, oggi invece *o miracolo* si invoca altrove, a essere gremite sono le sale provini dei *talent*, le scuole di calcio o, se proprio non sai nemmeno dare una pedata al pallone, le selezioni per i *reality show*. La cultura della lotteria, cioè la speranza di essere cooptati per incanto nell'universo dorato dei *vincenti*, è entrata ormai a far parte del sentire comune. È il moderno simulacro della rivoluzione del povero.

---

[183] https://it.wikipedia.org/wiki/Jos%C3%A9_Mujica#cite_note-Venerd%C3%AC-29
[184] Si veda nota 13.

[185] Agli ostacoli naturali, quindi, se ne aggiungono altri disseminati ad arte. Sono quelli di cui si è parlato, racchiusi nella citazione riportata nel capitolo precedente sul pensiero unico. Le idee di sinistra sono state confinate, lentamente ma inesorabilmente, in una sorta di area *off-limits*. Suonano come affermazioni in odore di eresia. Se, per fare l'esempio più semplice, qualcuno sostiene che per avere un mondo più giusto il primo passo da compiere sia «chiudere i centri bancari internazionali offshore (e le loro controparti interne), che sono riusciti ad aggirare così bene le regole e a promuovere l'evasione e l'elusione fiscale» (Stigltiz, *La globalizzazione e i suoi oppositori*) e stilare «un registro mondiale della ricchezza nascosta nei paradisi fiscali» (Gabriel Zucman, *La ricchezza nascosta delle nazioni*), sulle facce dei cosiddetti esperti compare all'istante una smorfia. Fateci caso. È una scena che si vede di tanto in tanto nei *talk-show*. È un misto di ironia, compatimento e disprezzo, più eloquente di ogni parola. È la faccia del saggio di fronte ai deliri del pazzo. Come se si trattasse di teorie del tutto campate in aria, formulate dal primo che passa per strada, quando invece sono tesi condivise dai maggiori studiosi.

[186] https://www.thesun.co.uk/news/9922286/donald-trump-fan-tattoos/ (consultato l'ultima volta il 2-12-2023).

[187] Ovviamente, se lo chiedono perché preoccupati delle sorti dell'uno per cento, cioè la loro clientela.

Per concludere

Mezzo secolo addietro Pasolini parlava di mutazione antropologica prodotta dal consumismo, giudicandolo più pervasivo e insidioso del fascismo, essendo riuscito dove la dittatura fascista aveva fallito, modificare cioè il modo di pensare degli italiani. Le classi medie e popolari, in particolare, perdono la loro identità per adottare i suoi valori,[188] illuminati dall'aura del benessere che li avvolge, in contrasto con quelli della società tradizionale di origine contadina, simbolo di un'esistenza di stenti e fatica. Questo è stato il primo atto.

A partire dagli anni Ottanta va in scena il secondo atto. Il *supercapitalismo* fa *tabula rasa* anche delle fondamenta etiche che stanno alla base dell'*essere di sinistra*, inconciliabili col consumismo. Alla società del benessere subentra quella dell'edonismo. In una sorta di patto col diavolo, la contropartita dell'illusione di essere protagonisti di questa che ora diventa vera e propria ubriacatura di consumo è l'eclissi definitiva di quei valori che stavano alla base della cultura popolare, come la responsabilità verso gli altri e lo spirito di sacrificio, e soprattutto quello che è il primo valore della sinistra, la solidarietà, cioè il naturale riflesso del sentirsi parte di una comunità di simili.

Nell'ultimo atto, agli inizi del XXI secolo, come nella tragedia faustiana, viene presentato il conto. Non attori protagonisti erano, ma comparse, che dopo essere state travolte dal mirabolante vortice consumista, vengono, come per effetto della risacca, rigettate nelle stesse periferie di prima, ora però spoglie e senz'anima, perché private di quel collante sociale che era il senso di appartenenza.

---

[188] Pier Paolo Pasolini, *Scritti corsari*.

Bibliografia di testi citati e/o utili per approfondire gli argomenti trattati

Norberto Bobbio, *Destra e sinistra. Ragioni e significati di una distinzione politica,* Donzelli, 2009.

Bertolt Brecht, *Poesie di Svendborg,* Trad. di Franco Fortini, Einaudi, 1976.

Luciano Canfora, *La democrazia dei signori,* Ed. Laterza, 2022.

Luciano Canfora, *Sovranità limitata,* Ed. Laterza, 2023.

Andrew Cockburn, *The Spoils of War: Power, Profit and the American War Machine,* Ed. Verso, 2021.

Andrés Danza, Ernesto Tulbovitz, *Una pecora nera al potere. Pepe Mujica, la politica della gente* – Gruppo Editoriale Lumi, 2016.

Alain De Benoist - *Populismo. La fine della destra e della sinistra* – Trad. di Giuseppe Giaccio, Arianna Ed., 2017.

Mark Fisher, *Realismo capitalista,* Trad. di Valerio Mattioli, Produzioni Nero Ed., 2018.

Carlo Galli, *Perché ancora destra e sinistra,* Ed. Laterza, 2013.

Vasilij Grossman, *Vita e destino,* Trad. di Claudia Zonghetti, Adelphi, 2022.

Michael Hardt e Antonio Negri, *Impero,* Rizzoli, 2002.

Denis Mack Smith, *Storia d'Italia dal 1861 al 1997,* Trad. di A. Aquarone, G. Ferrara degli Uberti e M. Sampaolo, Ed. Laterza, 2000.

Branko Milanovic, *Capitalismo contro capitalismo. La sfida che deciderà il nostro futuro,* Trad. di Daria Cavallini, Ed. Laterza, 2020.

Edoardo Nesi, *Storia della mia gente,* RCS libri, 2010.

Pier Paolo Pasolini, *Scritti corsari,* Garzanti, 2015.

Thomas Piketty, *Una breve storia dell'uguaglianza,* La nave di Teseo, 2021.

Luca Piana, *La voragine, La folle scommessa dei derivati di Stato,* Mondadori, 2017.

Costanzo Preve, *Destra e sinistra. La natura inservibile di due categorie tradizionali.* Petite Plaisance Ed., 2021.

Robert Reich, *Come salvare il capitalismo,* trad. di Nazzareno Mataldi,

Fazi Editore, 2015.

Robert Reich, *Supercapitalismo. Come cambia l'economia globale e i rischi per la democrazia*, trad. di Thomas Fazi, Fazi Editore, 2008.

Marco Revelli, *Sinistra Destra*, Ed. Laterza, 2009.

Luca Ricolfi, *La mutazione*, Rizzoli, 2022.

Bertrand Russell, *Il trionfo della stupidità*, Trad. di Andrea Roveda, Piano B Edizioni, 2022.

Emmanuel Saez e Gabriel Zucman, *Il trionfo dell'ingiustizia*, Trad. di Maristella Notaristefano, Einaudi, 2020.

Emanuele Severino, *Il tramonto della politica*, Rizzoli, 2017.

Prem Shankar Jha, *Il caos prossimo venturo*, Trad. di Andrea Grechi e Andrea Spila, Neri Pozza, 2007.

Joseph Stiglitz, *Il prezzo della disuguaglianza*, Trad. di Maria Lorenza Chiesara, Einaudi, 2013.

Joseph Stiglitz, *La globalizzazione e i suoi oppositori*, Trad. di Daria Cavallini e Brunella Martera, Einaudi, 2 ed., 2018.

Joseph Stiglitz, *La grande frattura, la diseguaglianza e i modi per sconfiggerla*, Trad. di Daria Cavallini e Maria Lorenza Chiesara, Einaudi, 2016.

Gabriel Zucman, *La ricchezza nascosta delle nazioni. Indagine sui paradisi fiscali*, Trad. di Silvia Manzio, ADD Editore, 2017.

Indice

www.ingramcontent.com/pod-product-compliance
Lightning Source LLC
Chambersburg PA
CBHW051309250726
48656CB00004B/1563